はじめての
アラビア語

佐川年秀

● はじめに ●

　アラビア語は、東はアラビア半島の東端のオマーンから、西はアフリカ大陸の西端のモーリタニアに至る２１ヶ国で使用されています。また、国連の６つの公用語（英語、フランス語、スペイン語、ロシア語、中国語、アラビア語）の１つでもあります。

　このようにアラビア語は、使用地域が広大なため、各地方の方言（アーンミーヤ）（エジプト方言、シリア方言、湾岸方言、サウジ方言、マグレブ方言、など）があり、互いに自分たちの方言で話せば理解することは困難です。

　そこでこの本は、全アラブ世界に通じる標準語である正則アラビア語（フスハー）で、「誰でも、簡単に、すぐに使える！」をモットーに作りました。

　本文の内容は、日本人女性（佐藤ミワ）がエジプトのカイロを舞台にストーリーを展開しますので、楽しんで読み進められるでしょう。
　また付録のＣＤには、２章、３章、分野別単語、エジプト方言、そしてアザーン（「礼拝への呼びかけ」：イスラーム諸国で１日５回、人々に礼拝を呼びかける声）も収録されています。

　この本がアラブ世界への理解の第一歩となれば、著者として望外の幸せです。

2003年10月吉日
佐川　年秀

http://www.geocities.co.jp/SilkRoad-Oasis/6899/

● 目次 ●

はじめに

1章 アラビア文字について

- ・アラビア語の「アルファベット表」 10
- ・アラビア語の「アイウエオ表」 14
- ・本書のアラビア語とカタカナ発音の読み方 16

2章 基本会話

・一日のあいさつ	20	CD-1
・出会いのあいさつ	21	CD-1
・別れのあいさつ	21	CD-1
・初対面のあいさつ	22	CD-2
・自己紹介	22	CD-2
・家族について	23	CD-2
・お礼	24	CD-3
・おわび	24	CD-3
・お願い	25	CD-3
・返事	25	CD-3
・たずねる①	26	CD-4
・たずねる②	27	CD-4
・相手のことをたずねる	28	CD-5
・お店で	29	CD-5
・レストランで	30	CD-6
・〜はどこですか？	30	CD-6
・〜してもいいですか？	31	CD-6
・〜したいです	32	CD-7
・私は〜です（体調、感情）	33	CD-7
・電話・郵便	34	CD-8
・病気・病院で	35	CD-8
・トラブル・災難	36	CD-9

3 章　街で使える会話

1	**出会い**	38	CD-10
	・関連表現	41	CD-11
	・基本単語	42	CD-12
2	**カイロの街角で**	44	CD-13
	・道をたずねる表現	47	CD-14
	・基本単語	48	CD-15
3	**ホテルで**	50	CD-16
	・ホテルで使える表現	53	CD-17
	・基本単語	54	CD-18
4	**観光地へ**	56	CD-19
	・ものをたずねる表現	59	CD-20
	・基本単語	60	CD-21
5	**レストランで**	62	CD-22
	・レストランで使える表現	65	CD-23
	・基本単語	66	CD-24, 25
6	**ショッピング**	70	CD-26
	・ショッピングで使える表現	73	CD-27
	・基本単語	74	CD-28, 29
7	**病気**	78	CD-30
	・病気のときの表現	81	CD-31
	・基本単語	82	CD-32
8	**帰国**	86	CD-33
	・関連表現	89	CD-34
	・基本単語	90	CD-35
9	**手紙1**	92	CD-36
10	**手紙2**	98	CD-37

分野別単語

・国	106	CD-38
・国民	109	CD-39
・月	110	CD-40
・時	112	CD-41
・曜日、四季、方角	114	CD-42
・職業	116	CD-43
・家族、親戚	118	CD-44
・人	120	CD-45
・数詞	122	CD-46
・序数	125	CD-47

エジプト方言の基本表現

・出会ったとき	128	CD-48
・別れるとき	130	CD-49
・感謝の言葉	131	CD-49
・謝罪の言葉	131	CD-49
・返事	132	CD-50
・声をかけるとき	132	CD-50
・頼みごとをする	133	CD-50
・許可を求める	133	CD-50
・〜が欲しいです	134	CD-51
・ものを尋ねる	134	CD-51
何？	134	CD-51
どこ？　誰？	135	CD-51
量・値段　いつ？	136	CD-52
どのように？　なぜ？	137	CD-52
・自分について話す	138	CD-53
・状態を表す	138	CD-53
・感情を表す	139	CD-53
・相手のことを尋ねる	139	CD-53
・相手の言うことがわからないとき	140	CD-54
・その他	141	CD-54

・アザーン（礼拝への呼びかけ）	142	CD-55
・ヒエログリフのアイウエオ表	145	
・ヒエログリフのアルファベット	146	

4 章　基本文法

★ 文字と発音　　　　　　　148
★ 人称代名詞　　　　　　　164
★ 双数　　　　　　　　　　167
★ 複数　　　　　　　　　　168
★ 動詞の解説　　　　　　　169
★ 不規則動詞の変化表　　　177
　1、ダブル動詞　　　　　177
　2、くぼみ動詞　　　　　179
　3、弱動詞　　　　　　　185
　4、動詞の派生形　　　　191

＜付録＞
日本語から引けるアラビア語ミニ辞典
　・名詞　　　　　　　　　206
　・形容詞　　　　　　　　223
　・動詞変化表　　　　　　225

カバー装丁	KJ デザイン室
本文イラスト	安東章子
CDナレーター	マグディ・カリル・モハメッド
	本多郁子
アザーン	アラブ イスラーム学院
写真提供	エミレーツ航空
	ジュメイラ・インターナショナル
	著者（ドバイ、カイロ）
アラビア語組版	著者

1章

アラビア文字について

アラビア語の「アルファベット表」

語尾	語中	語頭	独立形	名称	相当するローマ字
ا	ا	ا	ا	アリフ	a, i, u
ب	ب	ب	ب	バー	b
ت	ت	ت	ت	ター	t
ث	ث	ث	ث	サー	th
ج	ج	ج	ج	ジーム	j
ح	ح	ح	ح	ハー	ḥ
خ	خ	خ	خ	ハー	kh
د	د	د	د	ダール	d

アラビア語の「アルファベット表」

語尾	語中	語頭	独立形	名称	相当するローマ字
ذ	ذ	ذ	ذ	ザール	dh
ر	ر	ر	ر	ラー	r
ز	ز	ز	ز	ザーイ	z
س	سـ	سـ	س	スィーン	s
ش	شـ	شـ	ش	シィーン	sh
ص	صـ	صـ	ص	サード	ṣ
ض	ضـ	ضـ	ض	ダード	ḍ
ط	ط	ط	ط	ター	ṭ

アラビア語の「アルファベット表」

語尾	語中	語頭	独立形	名称	相当するローマ字
ظ	ظ	ظ	ظ	ザー	dh
ع	ع	ع	ع	アイン	'a
غ	غ	غ	غ	ガイン	gh
ف	ف	ف	ف	ファー	f
ق	ق	ق	ق	カーフ	q
ك	ك	ك	ك	キャーフ	k
ل	ل	ل	ل	ラーム	l
م	م	م	م	ミーム	m

アラビア語の「アルファベット表」

語尾	語中	語頭	独立形	名称	相当するローマ字
ن	ن	ن	ن	ヌーン	n
ه	ه	ه	ه	ハー	h
و	و	و	و	ワーウ	w
ي	ي	ي	ي	ヤー	y
			ء	ハムザ	
			ة	ター・マルブータ	t

ء ハムザは、アリフと共に使われる。　　ة ター・マルブータ　t

＊ター・マルブータは、日常会話では発音は省略されることが多い。

アラビア語の「アイウエオ表」

آ	إِي	أُو	إِي	أُو
ア	イ	ウ	エ	オ
كَا	كِي	كُو	كِي	كُو
カ	キ	ク	ケ	コ
سَا	شِي	سُو	سِي	سُو
サ	シ	ス	セ	ソ
تَا	تِشِي	تْسو	تِي	تُو
タ	チ	ツ	テ	ト
نَا	نِي	نُو	نِي	نُو
ナ	ニ	ヌ	ネ	ノ
هَا	هِي	فُو	هِي	هُو
ハ	ヒ	フ	ヘ	ホ
مَا	مِي	مُو	مِي	مُو
マ	ミ	ム	メ	モ

アラビア語の「アイウエオ表」

يَا		يُو		يُو
ヤ		ユ		ヨ
رَا	رِي	رُو	رِي	رُو
ラ	リ	ル	レ	ロ
وَا		أُو		نْ
ワ		ヲ		ン
غَا	غِي	غُو	غِي	غُو
ガ	ギ	グ	ゲ	ゴ
زَا	جِي	زُو	زِي	زُو
ザ	ジ	ズ	ゼ	ソ
دَا	جِي	زُو	دِي	دُو
ダ	ヂ	ヅ	デ	ド
بَا	بِي	بُو	بِي	بُو
バ	ビ	ブ	ベ	ボ
パ	ピ	プ	ペ	ポ

15

★本書のアラビア語とカタカナ発音の読み方★

1、アラビア語は、右から左へ書かれます。

←

السلام عليكم.　　　　（こんにちは）

2、本書のカタカナ発音の読み方。
　　左から右へ読みすすめてください。

　アッ・サラーム　アライクム

　　→　　　　　　　→

＜注＞本来の右から左への読み方は、

السلام عليكم.　　　　（こんにちは）

ムクイラア　　ムーラサ・ッア

　　←　　　　　　　←

と、アラビア文字の順番と同じように右から左へカタカナ発音で読むと、こうなります。
　でも、これは日本人には読みにくいので、便宜上2の読み方にしました。

（注意）アラビア文字と発音のところでは、この読み方の原則に反したところが出てきますが、カタカナ読みを（　）に入れてあります。

例）　السلام عليكم.　　　（こんにちは）

②→（アライクム）　①→（アッ・サラーム）

これは、アラビア語の文字と対比して、そのアラビア語の文字の下に、カタカナ読みを書いた例です。
読む順番は、①→を読んでから、②→へ移ってください。

ターメイヤ

ドバイの船

ドバイのクリーク

ドバイの街

2章

基本会話

基本会話

1日のあいさつ

●おはようございます。　　　　　صباح ألخير.

　　　　　　　　　　　　　　　サバーフ　ル・ハイル

●(上の返事)　　　　　　　　　صباح ألنور.

　　　　　　　　　　　　　　　サバーフ　ン・ヌール

●こんにちは。　　　　　　　　السلام عليكم.

　　　　　　　　　　　　　　　アッ・サラーム　アライクム

●(上の返事)　　　　　　　　　وعليكم ألسلام.

　　　　　　　　　　　　　　　ワ　アライクム　サラーム

●こんばんは。　　　　　　　　مساء ألخير.

　　　　　　　　　　　　　　　マサーウ　ル・ハイル

●(上の返事)　　　　　　　　　مساء ألنور.

　　　　　　　　　　　　　　　マサーウ　ン・ヌール

カイロの街中のパン屋

カイロの花屋

出会いのあいさつ

●お元気ですか？（男性へ）　　كيف حالك؟

　（相手が女性：ハールキ）　　ケイファ　ハールカ

●元気です。　　بخير.

　　ビ・ハイル

●おかげさまで。　　الحمد لله.

　　アル・ハムドゥ　リッラー

●あなたは？（男性へ）　　وأنت؟

　（相手が女性：アンティ）　　ワ　アンタ

別れのあいさつ

●さようなら。　　مع السلامة.

　　マアッ　サラーマ

●(返事)　　إلى ألقاء.

　　イラッ　リカー

コラム：カイロでオデコにこぶのある男性をよく見かけた。これは礼拝でジュータンにオデコをこすってできた、礼拝ダコである。それだけ信心深いことを意味している。

初対面のあいさつ

●はじめまして、よろしく。　　　　　أهلا و سهلا.

　　　　　　　　　　　　　　　　　アハラン　ワ　サハラン

●(返事)　　　　　　　　　　　　　فرصة سعيدة.

　　　　　　　　　　　　　　　　　フルサ　サイーダ

自己紹介

●私の名前は山田太郎です。　　　　أنا اسمي تارو يامادا.

　　　　　　　　　　　　　　　　　アナ　イスミー　タロー　ヤマダ

●私は日本人(男性)です。　　　　　أنا ياباني.

　　　　　　　　　　　　　　　　　アナ　ヤーバーニー

●私は佐藤ミワです。　　　　　　　أنا ميوا ساتو.

　　　　　　　　　　　　　　　　　アナ　ミワ　サトウ

●私は日本人(女性)です。　　　　　أنا يابانية.

　　　　　　　　　　　　　　　　　アナ　ヤーバーニーヤ

家族について

● 私は結婚しています。(男性)   أنا متزوج.
                                   アナ　ムタザゥウィジュ

● 私は結婚しています。(女性)   أنا متزوجة.
                                   アナ　ムタザゥウィジュ

● 私には妻がいます。   لي زوجة.
                                   リー　ザゥジャ

● 私には夫がいます。   لي زوج.
                                   リー　ザゥジュ

● 私には息子が1人います。   لي ولد.
                                   リー　ワラドゥ

● 私には娘が1人います。   لي بنت.
                                   リー　ビントゥ

● 私には2人の息子がいます。   لي ولدان.
                                   リー　ワラダーン

● 私には2人の娘がいます。   لي بنتان.
                                   リー　ビンターナ

お礼

● ありがとう。　　　　　　شكرا.
　　　　　　　　　　　　シュクラン

● ありがとうございます。　شكرا جزيلا.
　　　　　　　　　　　　シュクラン　ジャズィーラン

● どういたしまして。　　　عفوا.
　　　　　　　　　　　　アフワン

おわび

● ごめんなさい。(男性へ)　أنا آسف.
　　　　　　　　　　　　アナ　アースィフ

● ごめんなさい。(女性へ)　أنا آسفة.
　　　　　　　　　　　　アナ　アースィファ

● すみませんが。　　　　　عن إننكم.
　　　　　　　　　　　　アン・イズニクム

● すみません。(軽く)　　　عفوا.
　　　　　　　　　　　　アフワン

お願い

● お願いします。(男性へ)   من فضلك.

（相手が女性：ファドリキ）   ミン　ファドリカ

● 〜をお願いします。   ～ من فضلك.

〜　ミン　ファドリック

● コーヒーをください。   قهوة، من فضلك.

カフワ、ミン　ファドリック

返事

● はい。   نعم. ナアム

● いいえ。   لا. ラー

● わかりました。   فهمت ファヒムト

● わかりません。   لا أفهم. ラー・アフハム

たずねる ①

- 何? ما؟ マー
- どこ? أين؟ アイナ
- いつ? متى؟ マター
- 誰? من؟ マン
- なぜ? لماذا؟ リマーザー
- いくら? بكم؟ ビカム
- いくつ,いくら,どれだけ? كم؟ カム
- どうやって? كيف؟ カイファ
- どれ? أي؟ アィユ

香水と香水瓶のみやげ

みやげ物屋の店内

たずねる ②

● 次の便はいつですか？　　متى ستبتدأ الرحلة التالية؟

マター サタブタダァ アッリヘラ ターリア

● 次の列車はいつですか？　　متى سيكون القطار التالي؟

マター サヤクーン ルキタール ターリー

● 次のバスはいつですか？　　متى سيكون الباص التالي؟

マター サヤクーン ルバース ターリー

● (博物館)へはどう行けばいいですか？　　كيف أذهب إلى (المتحف)؟

ケイファ アズハブ イラー (マトハフ)

● (この電話は)どのように使うのですか？　　كيف أستعمل (هذا الهاتف)؟

ケイファ アスタァミル (ハーザー ルハーティフ)

● これは何ですか？　　ما هذا؟　　マー ハーザー

● それはどんなものですか？　　ما طبيعته؟

マー タビー アトホ

コラム：ドバイに着いたのが金曜日。イスラム圏では、金曜日が休日だ。街中は、ここはインドの町か？と思えるくらいに、インド人顔の人々でごった返していた。普段は会えない仲間や友人と会うために、この日ばかりは大いに語り合い、楽しんでいた。

相手のことをたずねる

●あなたのお仕事は何ですか？　　ما عملك؟

　　　　　　　　　　　　　　　マー アマルカ (女性：アマルキ)

●あなたはどこに住んでいますか？(男性)　أين تسكن؟

　　　　　　　　　　　　　　　アイナ タスクヌ

●あなたはどこに住んでいますか？(女性)　أين تسكنين؟

　　　　　　　　　　　　　　　アイナ タスクニーナ

●出身はどこですか？　　　　من أين أنت؟

　　　　　　　　　　　　　　　ミン アイナ アンタ (女性：アンティ)

●あなたは結婚していますか？(男性へ)　هل أنت متزوج؟

　　　　　　　　　　　　　　　ハル アンタ ムタザゥウィジュ

●あなたは結婚していますか？(女性へ)　هل أنت متزوجة؟

　　　　　　　　　　　　　　　ハル アンティ ムタザゥウィジャ

●あなたは何歳ですか？(男性へ)　كم عمرك؟　カム ウムルカ

●あなたは何歳ですか？(女性へ)　كم عمرك؟　カム ウムルキ

●私は25歳です。　　عمري خمس و عشرون سنة.

　　　　　　　　　　ウムリー ハムス ワ イシュルーナ サナ

　　　＊25は5+20　（私の年齢）（5）（と）（20）（年）

28

お店で

- ●〜はありますか？　　　　هل عندكم ~ ؟　　ハル インダクム
- ●私は〜が欲しいです。　　أريد ~ ؟　　ウリードゥ
- ●これはいくらですか？　　بكم هذا؟　　ビカーム ハーザー
- ●私に〜を下さい。　　　　أعطني ~ .　　アアティ・ニー
- ●またあとで来ます。　　　سأعود ثانية.　　サァウードゥ サーニャタン
- ●もっとまけてくれませんか？　هل يمكن أن تخصم لي أكثر؟
  ハル ユムキン アン タハスィム リー アクサル
- ●領収書をください。　　　أعطني الإيصال من فضلك.
  アアティーニー ルイーサール ミン ファドリカ

ドバイの街中

ドバイのゴールドスーク

レストランで

- ～をください。　　　　　　～ من فضلك.　～ミン ファドリカ

- メニューを下さい。　　　　قائمة الطعام, من فضلك.
  カーイマト ッタアーム、ミン ファドリカ

- おすすめは何ですか？　　　ماذا تنصح؟　マーザー タンサフ

- これはどんな料理ですか？　ما هذا الطبق؟　マー ハーザッ タバック

- おいしい！　　　　　　　　لذيذ.　ラズィーズ

～はどこですか？

- ～はどこですか？　　　　　أين ～ ؟　アイナ ～

- トイレはどこですか？　　　أين دورة المياه؟
  アイナ ダゥラトゥ ル・ミヤーハ

- エジプト博物館はどこですか？　أين المتحف المصري؟
  アイナ アル・マトハフ ル・ミスリー

- 郵便局はどこですか？　　　أين مكتب البريد؟
  アイナ マクタブ ル・バリー

● バスターミナルはどこですか? أين موقف الحافلات؟

　　　　　　　　　　　　　　　アイナ マウキフ ル・ハーフィラート

● 切符売り場はどこですか? أين مكتب التذاكر؟

　　　　　　　　　　　　　　　アイナ マクタブ ッタザーキル

● 銀行はどこですか? أين البنك؟　　アイナ ル・バンク

～してもいいですか?

● ～してもいいですか? هل يمكن أن ～ ؟

　　　　　　　　　　　　　　　ハル ユムキン アン ～

● ここで写真を撮ってもいいですか? هل يمكن أن أصور هنا؟

　　　　　　　　　　　　　　　ハル ユムキン アン ウサゥウィル フナー

● ここに座ってもいいですか? هل يمكن أن أجلس هنا؟

　　　　　　　　　　　　　　　ハル ユムキン アン アジリス フナー

● タバコを吸ってもいいですか? هل يمكن أن أدخن؟

　　　　　　　　　　　　　　　ハル ユムキン アン ウダッヒン

● 中に入れますか? هل يمكن أن أدخل؟

　　　　　　　　　　　　　　　ハル ユムキン アン アドホル

～したいです

●～したいです。　　　أريد أن ~ .

　　　　　　　　　ウリードゥ　アン＋(動詞の未完了接続形)

●～に行きたいです。　　أريد أن أذهب إلى ~ .

　　　　　　　　　ウリードゥ　アン　アズハバ　イラ　～
　　　　　　　　　(私は～欲する)(事を)(私は行く)(～へ)

●ルクソールに行きたいです。　أريد أن أذهب إلى الأقصر.

　　　　　　　　　ウリードゥ　アン　アズハバ　イラ　ル・アクスル

●～が見たいです。　　　أريد أن أرى ~ .

　　　　　　　　　ウリードゥ　アン　アラー

●ピラミッドが見たいです。　أريد أن أرى الهرم.

　　　　　　　　　ウリードゥ　アン　アラー　ル・ハラム

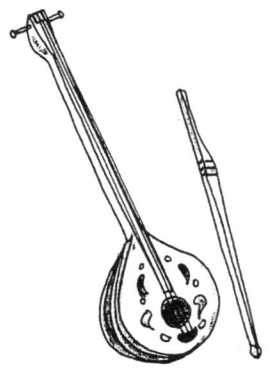

私は〜です(体調、感情)

● お腹がすきました。(男性)　أنا جائع.　アナ ジャーイア

● お腹がすきました。(女性)　أنا جائعة.　アナ ジャーイア

● のどが渇きました。(男性)　أنا عطشان.　アナ アトシャーン

● のどが渇きました。(女性)　أنا عطشانة.　アナ アトシャーナ

● 満足です。(男性)　أنا سعيد.　アナ サァイード

● 満足です。(女性)　أنا سعيدة.　アナ サァイーダ

● 疲れました。(男性)　أنا تعبان.　アナ タァバーン

● 疲れました。(女性)　أنا تعبانة.　アナ タァバーナ

● 気分が良くないです。　أشعر بمرض.　アシァウル ビマラド

● 怒っているんです。(男性)　أنا غاضب.　アナ ガーディブ

● 怒っているんです。(女性)　أنا غاضبة.　アナ ガーディバ

電話・郵便

● もしもし。　　　　　　　　الو ، الو.

　　　　　　　　　　　アロー、アロー

● ムハンマドさんをお願いします。　أريد السيد محمد.

　　　　　　　　　　　ウリードゥ サイイドゥ ムハンマド

　　＊〜さん(男性)　　　السيد　アッ・サイイドゥ

● アミーナさん　　　　السيدة أمينة　アッ・サイイダ アミーナ

　　＊〜さん(既婚女性)　السيدة　アッ・サイイダ

● ライラーさん　　　　الآنسة ليلى　アル・アーニサ ライラー

　　＊〜さん(未婚女性)　الآنسة　アル・アーニサ

● 切手はありますか？　هل عندكم طوابع بريد؟

　　　　　　　　　　　ハル インダクム タワービウ バリードゥ

病気・病院で

●気分が悪いです。 أشعر أنني مريض.

アシァウル アンナニー マリード

●吐き気がします。 أشعر بغثيان.

アシァウル ビガサヤーン

●頭が痛いです。 رأسي تؤلمني.

ラァスィー トゥアッリムニー

●胃が痛いです。 معدتي تؤلمني.

マァイダティー トゥアッリムニー

●歯が痛いです。 أسناني تؤلمني.

アスナーニー トゥアッリムニー

●熱があるみたいです。 أعتقد أن عندي حرارة.

アァタキド アン ァインディー ハラーラ

●食欲がありません。 ليست عندي شهية للطعام.

ラィサト ァインディー シャヒーヤ リッタアーム

●下痢をしています。 عندي إسهال.

ァインディー イスハール

35

トラブル・災難

● クレジットカードをなくしました。　لقد فقدت بطاقة الإئتمان.

　　　　　　　　　　　　　　ラカド ファカット ビターカト ル・イァティマーン

● 財布を盗まれました。　لقد سرقت حافظتي.

　　　　　　　　　　　ラカド スリカト ハーフィザティー

● 助けて！　أغيثوني!

　　　　　アギースーニー

● 泥棒！　لص!

　　　　リッス

ツーリストポリス

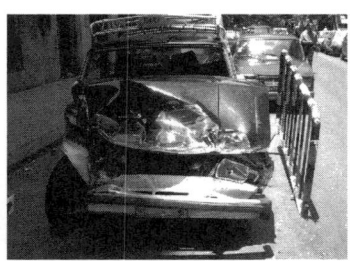

事故車

3章
街で使える会話

1、出会い

エジプトを訪れたミワはカイロの空港で、エジプト人の男姓に声をかけられた。

ムハマド：**こんにちは！**

あなたは日本人ですか？

ミワ：**はい、日本人です。**

ムハマド：**私の名前はムハマドです。**

ミワ：**私の名前はミワです。**

السلام عليكم.

アッサラーム アライクム

هل أنتِ يابانية؟

ハル アンティ ヤーバーニーヤ

نعم ، أنا يابانية.

ナアム、アナ ヤーバーニーヤ

اسمي محمد.

イスミー ムハマド

اسمي ميوا.

イスミー ミーワー

語句の解説

● السلام عليكم. ● アッ・サラーム アライクム：こんにちは

「あなたがたの上に平安あれ」の意味。相手は、複数でも一人でも使えます。

● السلام ● アッ・サラーム：平安

● وعليكم السلام. ● ワ アライクム サラーム：こんにちは（上の返事）

● عليكم ● アライクム：あなたがたの上に

● و ● ワ：そして

● هل ● ハル：〜か？　疑問詞。文頭につけて疑問文にする。

● يابانية ● ヤーバーニーヤ：日本人（女性）

● نعم ● ナアム：はい。

● اسمي ● イスミー：私の名前＝イスム(名前)＋イー(私の)

タラアト・ハルブ広場　　　映画館の看板

関連表現

★あなたはエジプト人ですか？　هل أنت مصري؟

　　　　　　　　　　　　　　　ハル　アンタ　ミスリー

★はい、私はエジプト人です。　نعم، أنا مصري.

　　　　　　　　　　　　　　　ナアム、アナ　ミスリー

★どうぞよろしく。　　　　　　أهلا و سهلا.

　　　　　　　　　　　　　　　アハラン　ワ　サハラン

★よろしく。　　　　　　　　　أهلا بك

　　　　　　　　　　　　　　　アハラン　ビカ

★あなたの名前は？(男性へ)　　ما اسمك؟

(相手が女性：マーイスムキ)　マーイスムカ
マー (何？) +イスム (名前) +カ (男性；あなたの) =マスムカ
マー (何？) +イスム (名前) +キ (女性；あなたの) =マスムキ

★はじめまして。　　　　　　　فرصة سعيدة.

　　　　　　　　　　　　　　　フルサ　サイーダ

コラム：ヘジャブ(顔に被るスカーフ)を被っているので、よくわからないが、エジプトの女性は、目鼻立ちがはっきりしている。目は大きく、鼻も大きい。身体も男女ともに、意外と大柄だ。でも、全般的に見た感じでは、可愛い女性が多かったように思える。ヘジャブを被ってはいるが、お化粧はバッチリしていた。

基本単語

アラビア語	لغة عربية	ルガ アラビーヤ
アラブ人	عربي	アラビー
イスラーム	الإسلام	アル・イスラーム
イスラム教徒	مسلم	ムスリム
イスラム寺院	جامع	ジャーミア(大きなモスク)
イスラム寺院	مسجد	マスジド(小さなモスク:礼拝堂)
イスラム暦	تأريخ هجري	タァリーフ ヒジリー
遺跡	آثار	アーサール
教会	كنيسة	カニーサ
宮殿	قصر	カスル
神殿	معبد	マァバド
モスク	جامع / مسجد	ジャーミア / マスジド
礼拝	صلاة	サラート
コーラン	القرآن الكريم	アル・クルアーン ル・カリーム

ピラミッド	أهرام	アハラーム
ミイラ	مومياء	ムゥミヤーァ
ラクダ	جمل	ジャマル
砂漠	صحراء	サハラーァ
オアシス	واحة	ワーハ

2、カイロの街角で

ミワはカイロの街角で、ホテルへの行き方をたずねる。

ミワ：**サハラ・ホテルはどこですか？**

通行人：**あそこです。**

あなたはどちらから来られましたか？

ミワ：**日本からです。**

通行人：**ようこそ、エジプトへ。**

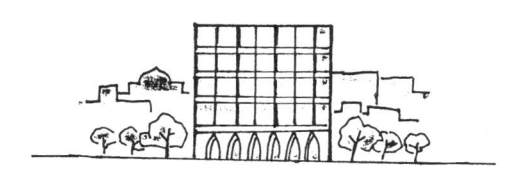

أين فندق الصحراء؟

アイナ　フンドゥク　サハラー

هناك.

フナーカ

من أين أنتِ ؟

ミン　アイナ　アンティ

أنا من اليابان.

アナ　ミン　ル・ヤーバーン

أهلا و سهلا في مصر.

アハラン　ワ　サハラン　フィー　ミスル

語句の解説

● أين　　　　　アイナ　　　　　　　どこ？

● فندق　　　　フンドゥク　　　　　**ホテル**

● هناك　　　　フナーカ　　　　　　**あそこ**

● هنا　　　　　フナー　　　　　　　**ここ**

● أنتِ　　　　　アンティ　　　　　　**あなた**（女性）
　　　　　　　（アンタ：男性のあなた）

● أنا　　　　　アナ　　　　　　　　**私**（男女とも同じ）

● من　　　　　ミン　　　　　　　　**～から**

● أليابان　　　　ル・ヤーバーン　　　　**日本**

● أهلا و سهلا　　アハラン ワ サハラン　　**ようこそ**

● في　　　　　フィー　　　　　　　**～に**

● مصر　　　　ミスル　　　　　　　**エジプト**

コラム：カイロでは日中は暑いので、日が傾いた夕方からぞくぞくと人々が買い物やウインドゥショッピングに出てくる。特に女性は、買い物が好きだ。また、家族連れには、ハンバーガーやフライドチキンのファースト・フード店が人気だ。

道をたずねる表現 (CD-14)

★〜へ行きたいです。　　أريد أن أذهب إلى ~ .
ウリードゥ　アン　アズハバ　イラ　〜

★道に迷いました。　　ضللت الطريق.
ダラルトゥ　タリーカ

★ここはどこですか？　　أين نحن الآن؟
アイナ　ナハヌル　アーン

★歩いて行けますか？　　هل يمكن أن أذهب ماشيا؟
ハル　ユムキン　アン　アズハバ　マーシヤン

★遠いですか？　　هل هي بعيدة من هنا؟
ハル　ヒーヤ　バイーダトン　ミン　フナー

★近いですか？　　هل هي قريبة من هنا؟
ハル　ヒーヤ　カリーバトン　ミン　フナー

★右へ？　　إلى اليمين؟
イラ　ル・ヤミーン

★左へ？　　إلى اليسار؟
イラ　ル・ヤサール

★まっすぐ？　　مستقيم؟
ムスタキーム

基本単語 ＜街、店＞

市場　　　　سوق　スーク

映画館　　　السينما　アッスィーニマー

薬屋　　　　صيدلية　サイダリーヤ

劇場　　　　مسرح　マスラハ

公園　　　　حديقة عامة　ハディーカトン　アーンマ

スーパーマーケット　سوبر ماركت　スーバル マールケト

ホテル　　　فندق　フンドゥク

本屋　　　　مكتبة　マクタバ

店　　　　　دكان　ドゥッカーヌ

理髪店　　　صالون حلاقة　サーローヌ　ヒラーカ

レストラン　مطعم　マトアム

入口	مدخل	マドハル
出口	مخرج	マハラジ
非常口	مخرج الطوارئ	マハラジュ ッタワーリァ
エレベーター	مصعد	ミスアド
階段	درج	ダラジュ
トイレ	دورة مياه	ダウラト ミヤーハ
公衆トイレ	مراحيض عامة	マラーヒード アーンマ

3、ホテルで

ミワはカイロの中心地、タハリール広場近くのサハラ・ホテルに着いた。

ミワ：**こんばんは！**

今夜、泊まれますか？

受付：**ようこそ。はい。**

ミワ：**部屋を見せてください。**

いくらですか？

مساء الخير.

マサーウ・ル・ハイル

هل يمكن أن أنام هنا هذه الليلة؟

ハル ユムキン アン アナーマ フナー ハーズィヒッ ライラ

اهلا وسهلا. نعم.

アハラン ワ サハラン。 ナアム。

هل يمكن أن أشاهد الغرفة؟

ハル ユムキン アン ウシャーヒダ ル・グルファ

بكم؟

ビカム

語句の解説

- مساء マサー（ウ）：**夕方、晩**

- الخير （ア）ル・ハイル：**善、良さ**

- هل يمكن أن أنامَ هنا هذه الليلة؟ **今夜泊まれますか？**

    ハル ユムキン アン アナーマ フナー ハーズィヒッ ライラ
    (か？　できる　事が　私は泊まる　ここ　この　　一夜、一晩)

- هل ～か？：ハル　文頭に疑問詞「ハル」を置くと疑問文ができます。

- يمكن ユムキン：**可能である。できる。**

- أن アン：**～すること。** アン以下に未完了接続形を置きます。

- هل يمكن أن～؟ ハル ユムキン アン：**～してもいいですか？**（成句）

- أنامَ アナーマ：**私は眠る、寝る**

    (＊未完了接続形：未完了形の語尾のuをaに変える)

- هذه الليلة ハーズィヒッ ライラ：**今夜**

    ハーズィヒッ：これ、この、(指示代名詞の女性形。男性形：ハーザー)
    ＊指示代名詞は、後ろに続く名詞の性（男性か女性）によって、男性形、女性形を使い分けます。

- الليلة ライラ：**一夜、一晩**（女性名詞）

ホテルで使える表現 (CD-17)

★部屋はありますか？

هل عندكم غرفة؟　ハル　インダクム　グルファ

★ドミトリーはありますか？

هل عندكم غرفة مشتركة؟

ハル　インダクム　グルファトン　ムシュタラカ

★朝食付きですか？

مع الفطور؟　マア　ル・フトゥール

★一泊いくらですか？

ما أجرة ألليلة ألواحدة؟　マー　ウジュラトン　ライラトゥ　ル・ワーヒダ

★ディスカウントしてくれませんか？

ألا يوجد خصم؟　アッラー　ユージャドゥ　ハスム

★他のホテルを探します。

سأبحث عن فندق آخر.　サアブハス　アン　フンドゥキン　アーハル

★もっと良い部屋はありますか？

هل عندكم غرفة أفضل؟　ハル　インダクム　グルファトン　アフダル

53

基本単語 ＜ホテル＞ (CD-18)

- シングル ルーム　غرفة مفردة　グルファトン ムフラダ
- ツイン ルーム　غرفة مزدوجة　グルファトン ムズダウィジャ
- ドミトリー　غرفة مشتركة　グルファトン ムシュタラカ
- １泊　أَلليلة أَلواحدة　ライラトゥ ル・ワーヒダ
- ２泊　الليلتان　アッ・ライラターニ
- ３泊　ثلاث ليالي　サラース ラ・ヤーリー
- 風呂　حمام　ハンマーム
- シャワー　دوش　ドゥシュ
- 部屋　غرفة　グルファ
- 料金　أجرة　ウジュラ
- 鍵　مفتاح　ミフターハ
- 階段　درج　ダラジュ
- 税金　ضريبة　ダリーバ
- 前金　عربون　アルブーン
- 領収書　فاتورة　ファートゥーラ

コラム：ドバイはホテル代が高い。安めのホテルでさえ一泊３０ドルからである。もちろん、エアコン、トイレ、シャワー付だが、狭い。その点、カイロには安ホテルが沢山ある。ドミトリーの一泊１００円前後から、シングルでも朝食付で７００円くらいからある。

サファリホテルへ　　　　　サファリホテルの入り口

コラム：カイロには、サファリ、スルタン、という安宿がある。両者とも同じビルに入っていて、多くの日本人バックパッカーが、長期間泊まっている。最上階で、入り口の天井屋根が無い！

モスクの高い塔（カイロ）　風を入れる吹き抜けの塔（ドバイ）

55

4、観光地へ

ミワはムハマドと市内の観光地を訪れる。

ミワ：**あれは何ですか？**

ムハマド：**あれはアズハル・モスクです。**

ミワ：**これもモスクですか？**

ムハマド：**いいえ、これは大学です。**

この大学はとても古いです。

ما ذلك؟

マー ザーリカ

ذلك مسجد الأزهر.

ザーリカ マスジドゥ ル・アズハル

هل هذا مسجد أيضا؟

ハル ハーザー マスジドゥン アイダン

لا، هذه جامعة.

ラー、ハージヒ ジャーミヤ

هذه جامعة قديمة جدا.

ハージヒ ジャーミヤトン カディームトン ジッダン

語句の解説

- ما؟　　マー：**何？**（疑問詞）

- ذلك　　ザーリカ：**あれ、あの、**（指示代名詞で、男性形の型）

    ＊後ろに男性名詞がきます。

- الأزهر．　ル・アズハル：**アズハル・モスク**(972年建立のモスク)

- مسجد　　マスジドゥ：**モスク**（男性名詞）

- هذا　　ハーザー：**これ、この、**（指示代名詞で、男性形の型）

    ＊後ろに男性名詞がきます。

- أيضا　　アイダン：**～もまた**

- جامعة　　ジャーミヤ：**大学**（女性名詞）

- هذه　　ハージヒ：**これ、この、**（指示代名詞で、女性形の型）

    ＊後ろに女性名詞がきます。

- قديم　　カディーム：**古い**

- جدا　　ジッダン：**とても**

コラム：カイロの街中を歩いていると、いろいろと言い寄ってくる連中があとを絶たない。「ウエルカム！」、「何時？」、「ナイス・シューズ！」、「イクスキューズ・ミー！」、番外に「タクシー？」だ。対策は、ひたすら無視するに限る。

ものをたずねる表現 (CD-20)

★これは何ですか？　　　ما هذا؟　マー ハーザー

★これは本です。　　　　هذا كتاب.　ハーザー キターブ

★では、これは何ですか？　و ما هذا؟　ワ マー ハーザー

★これはコーヒーです。　هذه قهوة.　ハーズィヒ カフワ

★あれは何ですか？　　　ما ذلك؟　マー ザーリカ

★あれはホテルです。　　ذلك فندق.　ザーリカ フンドゥク

★では、あれは何ですか？　و ما ذلك؟　ワ マー ザーリカ

★あれは学校です。　　　تلك مدرسة.　ティルカ マドラッサ

　هذا　ハーザー　　これは〜です。(後ろに男性名詞がきます)

　هذه　ハーズィヒ　　これは〜です。(後ろに女性名詞がきます)

　ذلك　ザーリカ　　あれは〜です。(後ろに男性名詞がきます)

　تلك　ティルカ　　あれは〜です。(後ろに女性名詞がきます)

○ كتاب キターブ：本（男性名詞）　　○ قهوة カフワ：コーヒー（女性名詞）

○ فندق フンドゥク：ホテル（男性名詞）　○ مدرسة マドラッサ：学校（女性名詞）

基本単語 ＜学校、公共機関＞

学校	مدرسة	マドラッサ
銀行	بنك	バンク
警察	شرطة	シュルタ
大学	جامعة	ジャーミア
大使館	سفارة	スィファーラ
図書館	مكتبة	マクタバ
博物館	متحف	マトハフ
美術館	صالة فنون جميلة	サーラト フヌーヌ ジャミーラ
病院	مستشفى	ムスタシファ

<電話、郵便>

電話	هاتف	ハーティフ
公衆電話	هاتف عام	ハーティフ アーンム
国際電話	مكالمة دولية	ムカーラマトン ドゥワリーヤ
市外通話	مكالمة خارجية	ムカーラマトン ハーリジーヤ
市内通話	مكالمة محلية	ムカーラマトン マハッリーヤ
郵便	بريد	バリード
郵便局	مكتب البريد	マクタブ ル・バリード

5、レストランで

ミワはムハマドとレストランへ行く。

　　ミワ：**ムハマド、お腹がすいたわ。**

　　ムハマド：**ミワ、何を食べますか？**

　　ミワ：**コシャリが食べたいです。**

お店で

　　店員：**いらっしゃいませ。**

　　ミワ：**コシャリはありますか？**

محمد، أنا جائعة.

ムハンマド、 アナ ジャーイア

ميوا، ماذا تأكلين؟

ミーワー、マーザー タァクリーン

أريد أن آكل كشري.

ウリードゥ アン アークラ コシャリ

مرحبا.

マルハバン

هل عندكم كشري؟

ハル インダクム コシャリー

語句の解説

- أنا جائعة. アナ ジャーイア：**お腹がすいた。**（女性が言う場合）

- أنا جائع. アナ ジャーイウ：**お腹がすいた。**（男性が言う場合）

- أريد ~ . ウリードゥ：私は〜したい。

- أريد أن آكل ~ . ウリードゥ アン アークラ：私は〜が食べたい。

  （私は〜したい）（事を）（私は食べる：未完了接続形）

- أريد أن آكل كشري. 私はコシャリが食べたい。

  ウリードゥ アン アークラ コシャリー
  （私は〜したい）（事を）（私は食べる：未完了接続形）　コシャリ
  ＊コシャリは、コメ、マカロニ、レンズ豆にトマトソースをかけたエジプト料理。

- من فضلك. ~ . 〜をください。

  ミン ファドリカ（女性が相手なら、ミン ファドリキ）

コシャリ　　　　シャウルマ

レストランで使える表現 (CD-23)

★何を飲みますか？(男性に)　ماذا تشرب؟　マーザー タシュラブ

★何を飲みますか？(女性に)　ماذا تشربين؟　マーザー タシュラビーン

★喉が渇きました。(男性)　أنا عطشان.　アナ アトゥシャーン

★喉が渇きました。(女性)　أنا عطشانة.　アナ アトゥシャーナ

★おすすめは何ですか？　ماذا تنصح؟　マーザー タンサハ

★これは何の料理ですか？　ما هذا الطبق؟　マー ハーザッ タバック

★(シシカバブ)をください。　(شيش كباب)، من فضلك.
　　　　　　　　　　(シーシ カバーブ),ミン ファドゥリカ

<味>

- 甘い　حلو　ホルウ
- 辛い　حار　ハール
- にがい　مر　ムッル
- すっぱい　حامض　ハーミドゥ
- スパイシー　متبل　ムタッバル
- おいしい　لذيذ　ラズィーズ
- まずい　غير لذيذ　ガイル ラズィーズ
- 固い　قاسٍ　カースィン
- 柔らかい　طري　タリー

基本単語　＜メニュー＞

حمص　　　ホンモス　　　　　（ひよこ豆のペースト）

طحينة　　タヒーナ　　　　　（ゴマペースト）

متبل　　　ムタッバル　（焼きなすをつぶしてゴマペーストを混ぜたもの）

طرشي　　トルシー　　　　　（きゅうり、かぶの漬物）

زيتون　　ゼイトゥーン　　　（オリーブの塩漬け）

شربة عدس　　ショルバトゥ・アダス　（レンズ・スープ）

فرخة　　ファルハ　　　　　（ローストチキン）

حمام مشوي　　ハマーム・マシュウィー　（雛鶏の丸焼き）

محشي　　マハシー　　　　　（野菜、鶏にコメを詰めた料理）

شاورمة　シャウルマ　（羊肉、鶏肉を回しながらロースとしたもの）

طعمية　　タァメイヤ　　　　（豆コロッケ）

كشري　　コシャリー　　　　（エジプト料理の定番）

فول　　　フール　　　　　　（干しソラマメを煮たもの）

شورية　　ショルバ　　　　　（スープ）

<飲み物>

アルコール	الكحول	アルクフール
飲料水	مياه معدنية	ミヤーホ マァダニーヤ
牛乳	حليب	ハリーブ
紅茶	شاي	シャーイ
コーヒー	قهوة	カホワ
ハイビスカス茶	كركديه	カルカディ
ビール	بيرة	ビーラ
水	ماء	マーア
ワイン	نبيذ	ナビーズ
氷	ثلج	サルジ
コップ	كأس	カァス

基本単語　＜食材＞

- ●ご飯　أرز　アルッズ
- ●サラダ　سلطة　サラタ
- ●ジャム　مربى　ムラッバー
- ●砂糖　سكر　スッカル
- ●蜂蜜　عسل　アサル
- ●たまご　بيض　バイドゥ

- ●パン　خبز　ホブズ
- ●チーズ　جبنة　ジュブナ
- ●バター　زبدة　ズブダ
- ●塩　ملح　ミルハ
- ●こしょう　فلفل　フィルフィル

＜肉類、魚貝類＞

- ●羊肉　لحم خروف　ラハム ハルーフ
- ●鶏肉　لحم دجاج　ラハム ダジャージュ
- ●牛肉　لحم عجل　ラハム イジュル
- ●肉　لحم　ラハム
- ●魚　سمك　サマク
- ●エビ　جمبري　ジャンバリ
- ●貝　صدف　サダフ
- ●カニ　سرطان　サラターン

＜野菜＞

- ●トマト　طماطم　タマーティム
- ●たまねぎ　بصل　バサル
- ●キャベツ　كرنب　クルンブ
- ●じゃがいも　بطاطس　バターティス

- **きゅうり** خيار ヒヤール
- **にんにく** ثوم スーム
- **セロリー** كرفس カラフス
- **オクラ** باميا バーミヤー
- **オリーブ** زيتون ザィトゥーヌ
- **なす** باننجان バーズィンジャーヌ
- **にんじん** جزر ジャザル
- **モロヘーヤ** ملوخية ムルーヒーヤ

<果物>
- **レモン** ليمون ライムーヌ
- **オレンジ** برتقال ブルトゥカール
- **デーツ（生）** بلح バラハ
- **バナナ** موز マウズ
- **もも** خوخ ハウフ
- **スイカ** بطيخ バッティーハ
- **メロン** شمام シャンマーム
- **ザクロ** رمان ルンマーン

<料理法>
- **焼く** مشوي マシュウィー
- **揚げた** مقلي マクリー
- **ゆでた** مسلوق マスルーク

コラム：エジプト料理の定番は、コシャリ。マカロニ、スパゲッティ、豆、ライスなどが入ったものに、トマトソースをかけて食べる。小さいサイズで２ＬＥ。日本円で４０円。シャウルマ、肉を筒状に巻いて回しながらローストしたものを、薄く裂いてパンに挟んで食べる。これはオススメ！

6、ショッピング

ミワはスーク（市場）へ、おみやげを買いに出かけた。

ミワ：**これは何ですか？**

店員：**これはヒジャーブです。**（ヒジャーブ：顔に被るスカーフ）

ミワ：**これはいくらですか？**

店員：**５０エジプト・ポンドです。**

ミワ：**それは高すぎます。**

ما هذا؟

マー ハーザー

هذا حجاب.

ハーザー ヒジャーブ

بكم هذا؟

ビカム ハーザー

بخمسين جنيها.

ビハムスィーナ ジュナイハン

هذا غال جدا.

ハーザー ガーリー ジッダン

語句の解説

- حجاب　ヒジャーブ：(男性名詞)イスラム教徒の女性が着けるベール

- جنيها　ビハムスィーン：50で

- بخمسين　ジュナイハン：エジプト・ポンド

- غال　ガーリー：**高い**（値段が）

- جدا　ジッダン：とても

洋服屋 　　　　　　下着屋

パン屋 　　　　　　靴屋

ショッピングで使える表現

★試着してもいいですか？

هل يمكن أن أجرب هذا؟

ハル ユムキン アン ウジャッリバ ハーザー

★もっと大きい(小さい)ものは、ありますか？

هل عندك أكبر (أصغر)؟ ハル インダカ アクバル(アスガル)

★おすすめはどれですか？ ماذا تنصح؟ マーザー タンサハ

★他の型はありますか？

هل عندك شكل مختلف؟ ハル インダカ シャクル ムフタリフ

★ちょっと見ているだけです。

أشاهد فقط. ウシャーヒドゥ ファカトゥ

★ここが汚れて(壊れて)います。

هنا متسخ (مكسور). フナー ムッタスィフ (マクスール)

★何でできていますか？

من أي شيء مصنوع؟ ミン アイイ シャイゥ マスヌーウ

★赤いものはありますか？

هل عندك أحمر؟ ハル インダカ アハマル

★またあとで来ます。 سأعود ثانية サァウードゥ サーニヤタン

★それを見せてください。

من فضلك دعني أراه. ミン ファドゥリカ ダァニー アラーハ

73

基本単語　＜ショッピング＞

衣料品　　　ملابس　マラービス

ウール　　　صوف　スーフ

贈り物　　　هدية　ハディーヤ

買い物　　　تسوق　タサゥウク

絹　　　　　حرير　ハリール

靴　　　　　حذاء　ヒザーァ

化粧品　　　مواد التجميل　マワーッドゥ　ッタジミール

香水　　　　عطر　イトル

シャツ　　　قميص　カミース

タバコ　　　سيجارة　スィジャーラ

ドバイのナイフ・スーク　　　ドバイのナイフ・スーク

服	ملابس	マラービス
帽子	قبعة	クッバア
宝石	جواهر	ジャワーヒル
本	كتاب	キターブ
みやげ	هدية تذكارية	ハディーヤトン ティズカーリーヤ
指輪	خاتم	ハーティム

基本単語 ＜お金＞

おつり	الباقي	アルバーキー
現金	نقد	ナクド
コイン	نقود معدنية	ヌクード マァダニーヤ
小銭	عملة معدنية	オムラトン マァダニーヤ
財布	محفظة	ミハファザ
サービス料	رسم الخدمة	ラムス ル・ヒドマ
税金	ضريبة	ダリーバ

ゴールド・スーク（ドバイ）　　　下着問屋（ドバイ）

コラム：ドバイは、海水から淡水を作っているせいか、水はなにかベッタリしたような感じがした。だから、シャワーを浴びた後も、肌に本来のさらりとした感触がなかった。

チップ	بقشيش	バクシーシ
手数料	عمولة	アオムーラ
入場料	رسم الدخول	ラスム ッドゥフール
料金	أجرة	ウジラ
領収書	إيصال	イーサール

アブラの乗客（ドバイ）　　　バス停（ドバイ）

コラム：商品を品定めしていて、一番に困るのは、気に入ったものがなく買わないで店を出ることだ。そこでいい方法を教えよう。店員に「ブクラ」（明日）と言おう。そう言って、店を去れば、スムーズに行くこと請け合いだ。

7、病気

ミワは暑さと慣れない食事のためか、お腹が痛くなり、病院へ行った。

病院にて

ミワ：**おはようございます。**

医者：**おはようございます。**

どうしましたか？

ミワ：**気分が悪いんです。**

お腹も痛いです。

صباح الخير.

サバーフ ル・ハイル

صباح النور.

サバーフ ン・ヌール

تفضلي ماذا في الامر؟

タファッダリー マーザー フィ ル・アムル

أشعر بمرض.

アシュウル ビマラドゥ

أشعر بوجع في معدتي أيضا.

アシュウル ビワジュアイン フィー マイダティー アイダン

語句の解説

- تفضلي　タファッダリー　　　どうぞ（女性単数に対して）

- تفضل　タファッダル　　　　どうぞ（男性単数に対して）

  ＊相手に何かをすすめるときに使います。

- ماذا　マーザー：何が、何を

- أشعر　アシュウル：私は感じる（原形）شعر シャアラ

- بمرض　ビマラドゥ：病気で

- ب　ビ：〜で、によって（ビは、常に次の語と続けて書かれます）

- مرض　マラドゥ：病気

- معدة　マイダ：胃（お腹）

- بوجع　ビワジェウ：痛みを

- وجع　ワジャウ：痛み

信号ボタン（ドバイ）　　　アブラから（ドバイ）

病気のときの表現　　CD-31

★近くに病院はありますか？

هل توجد مستشفى قريبة من هنا؟

ハル トゥージャドゥ ムスタシュファー カリーバトン ミン フナー

★熱があります。

عندي حرارة.　インディー(私は持つ)　ハラーラ(熱)

★風邪を引きました。

أصبت ببرد.　ウスィブトゥ(私はおそわれた)　ビバルディン(風邪に)

★めまいがします。

أشعر بدوار.　アシュウル(私は感じる)　ビドゥワール(めまいを)

★下痢ぎみです。

عندي إسهال.　インディー(私は持つ)　イスハール(下痢を)

★吐き気がします。

أشعر بغثيان.　アシュウル(私は感じる)　ビガサヤーン(吐き気を)

コラム：多くの男はひげを伸ばし、女性は「ヘジャブ」というスカーフを被って顔だけを出している。そんななかでも、ヒゲを伸ばさない男もいるし、ヘジャブを被らない女性もいる。聞くと、男女ともに、好きでないからという。ヘジャブを被らない女性は、若い女性が多い。また、年齢が高くなるほど、体を覆う面積が多くなってくる。全身黒い布で覆い（アバーヤ）、目にはサングラスという人もいた。因みに、女性の顔を覆っているベールを「ブルクゥ」、衣服の上に羽織る薄布を「アバーヤ」という。エジプト人の男性が着ている長衣は「ガッラービーヤ」だ。

基本単語　＜病状＞

吐き気	غثيان	ガサヤーン
胸やけ	تخمة	トゥフマ
便秘	إمساك	イムサーク
下痢	إسهال	イスハール
キズ	جرح	ジャルフ
やけど	حرق	ハルカ
炎症	التهاب	イルティハーブ
打撲	رضوض	ルドゥード
ねんざ	إلتواء	イルティワーア
骨折	كسر	カスル
発熱	حمى	ホンマー
寒気	برد	バルドゥ
虫刺され	قرص حشرة	カルス ハシャラ
だるい	وهن	ワハン

<体の名称> (CD-32)

体　جسم　ジスム

頭　رأس　ラアス

胸　صدر　サドル

肩　كتف　カティフ

腕　ذراع　ズィラーア

ひじ　مرفق　ミルファク

手　يد　ヤド

指　أصابع　アサービウ

胃　معدة　マイダ

腹　بطن　バトゥン

銀行の看板　　　　本屋の看板

基本単語

背中　ظهر　ザハル

腰　خصر　ヒスル

尻　أرداف　アルダーフ

もも　فخذ　ファハズ

ひざ　ركبة　ルクバ

脚　رجل　リジル

足　قدم　カダム

<顔>

顔	وجه	ワジハ	ひたい	جبين	ジャビーヌ
目	عين	アイヌ	鼻	أنف	アヌフ
耳	أذن	ウズヌ	口	فم	ファム
歯	أسنان	アスナーヌ	のど	حلق	ハルク
首	رقبة	ラカバ			

コラム：ドバイの空港から乗ったバスの運転手は、アフリカのガーナ人。乗っているお客はアフリカのガーナ人やそのほかのアフリカ系の人々。ホテルの受付の男は、インド人。インドのどこか？って聞いたら、チェンナイ（南インドのタミルナド州の州都で、旧名マドラス。公用語がタミル語）だという。「ワナカム！」（タミル語：こんにちは！）と言って挨拶したら、１０％ディスカウントしてくれた。食料や水を買いに雑貨店に行けば、バングラデッシュ人で、「ドンノバード」（ベンガル語：ありがとう。）カレーを食べにレストランに入れば、パキスタン人で、シュクリア（ウルドゥー語：ありがとう）。スパイスの店はイラン人で、「サラーム」（ペルシャ語：こんにちは）。アブラ（渡し舟）の呼び込みの男は、インド系ビルマ人で、ミンガラバー（ビルマ語：こんにちは）。ホテルの秘書のスリランカ人は「アーユーボーワン」（シンハラ語：こんにちは）。バスの運転手のフィリピン人は「マガンダン・ハーポン」（フィリピノ語：こんにちは）。ドバイは、多国籍の出稼ぎ労働者で支えられている国だ。

8、帰国

ミワのカイロ滞在も終わり、いよいよ明日、日本へ帰国することになった。

ムハマド:**明日、日本に帰りますか？**

ミワ:**ええ。明日、日本に帰ります。**

ムハマド:**とても悲しいです。**

ミワ:**私もとても悲しいです。**

ムハマド:**もう一度エジプトを訪問してください！**

هل تعودين إلى اليابان غدا؟

ハル タウーディーナ イラ ル・ヤーバーン ガダン

نعم، أعود إلى اليابان غدا.

ナアム、アウードゥ イラ ル・ヤーバーン ガダン

أنا حزين جدا.

アナ ハズィーン ジッダン

أنا حزين جدا أيضا.

アナ ハズィーナトン ジッダン アイダン

زوري مصر مرة أخرى!

ズーリー ミスル マッラタン ウフラー

語句の解説

- تعودين タウーディーナ：**あなた(女性)は帰る** （原形）عاد アーダ

- إلى イラー：～へ （後ろに定冠詞が来ると「イラ」と短く発音される）

- غدا ガダン：**明日**

- أعود アウードゥ：**私は帰る** （原形）عاد アーダ

- حزين ハズィーン：**悲しい**

- جدا ジッダン：**とても**

- أيضا アイダン：**～もまた**

- زوري ズーリー：**訪問しなさい** （女性1人に対して）

 （原形）زار ザーラ：**訪問する** （男性1人に対して）زر ズル

- مصر ミスル：**エジプト**

- مرة أخرى マッラタン ウフラー：**もう一度**

コラム：街のいたるところにジューススタンドがある。マンゴー、オレンジ、グレープフルーツなど。私は絞りたてのオレンジをよく飲んだ。1・5～1・75LE。日本円で30円から35円くらいか。日本ではできない贅沢を味わった。毎日通っていたので、しまいには、店員と親しくなってしまった。

関連表現 (CD-34)

★もし神が望んだならば　　إن شاء الله.　　イン シャー アッラー

　إن　イン：もし〜ならば（条件文に使われる接続詞）

　شاء　シャー：欲する、望む

　الله　アッラー：神

★また会いましょう。　　　إلى اللقاء.　　イラッ リカーア

★さようなら。　　　　　　مع السلامة.　　マアッ サラーマ

カイロ市上空から　　　　紅海

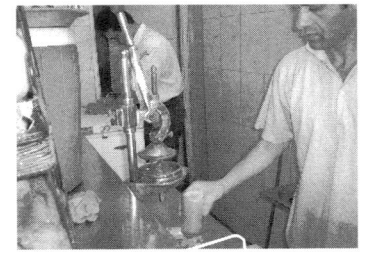

カイロのジューススタンド　　ドバイの空港

基本単語 ＜交通機関＞

駅	محطة	マハタ
切符	تذكرة	タズカラ
切符売り場	مكتب التذاكر	マクタブ ッタザーキル
空港	مطار	マタール
空席	مقعد خالي	ミクアド ハーリー
航空券	تذكرة الطائرة	タズカラトゥ ッターイラ
市街地図	خريطة المدينة	ハリータトン ル・マディーナ
時刻表	جدول	ジャドワル
出発	مغادرة	ムガーダラ
出発時刻	موعد المغادرة	マウアイドゥ ル・ムガーダラ

ギザの河　　　　　　道路標識

地下鉄	مترو	ミトロー
停留所	موقف	マゥカフ
鉄道	سكة الحديد	スィッカ　ル・ハディード
バス	حافلة	ハーフィラ
飛行機	طائرة	ターイラ
船	سفينة	サフィーナ
港	ميناء	ミーナーァ
列車	قطار	キタール

9、手紙1

　ミワが日本に帰るとすぐに、ムハマドから手紙が届いた。

ミワ

お元気ですか？

私は元気です。

私はいつもあなたを思っています。

あなたはとてもきれいです。

يا ميوا.

ヤー ミーワー

كيف حالك؟

ケイファ ハールキ

أنا بخير.

アナ ビ・ハイル

سأذكرك دائما.

サアズクルキ ダーイマン

أنت جميلة جدا.

アンティ ジャミーラトン ジッダン

あなたに会いたいです。

あなたを愛しています。

あなたを忘れません。

　　　　　　　　ムハマド

ゲジーラ島　　　　　ナイル川

أريد أن أراك.

ウリードゥ　アン　アラーキ

أحبك.

ウヒッブキ

لن أنساك.

ラン　アンサーキ

محمد　ムハンマド

コラム：空港から街まで、バスが一番安くて便利だ。３５６番のエアコンバスだ。２LE（４０円）。第二ターミナルだったが、空港を出て左下にバス停があった。待っているとすぐにバスは来た。運転手にお金を渡し乗り込む。途中止まっていることが多く、時間は掛かったが、安いからしょうがない。バスはタハリール広場から少し離れた、ラムセスヒルトンのあるバスターミナル近くまで運んでくれた。帰りはその逆で、タハリールのバスターミナルから３５６番のバスに乗れば、空港まで安く行くことができる。

語句の解説

● يا　ヤー：**やあ、おお。**（相手に呼びかける言葉）

● أظنك　アズゥンキ：**私はあなたを思う。**

● أظن　アズゥンヌ：**私は思う**　（原形）ظن　ザンナ

　アズゥンヌ＋キ（あなた：女性）＝アズゥンキ

● دائما　ダーイマン：**いつも**

● أنت　アンティ：**あなた**（女性）

● جميلة　ジャミーラ：**きれい/美しい**

　（主語アンティが女性なので女性形の型）جميل　ジャミール：**美しい**

● أريد أن ~ .　ウリードゥ　アン　～　：**～したい**

● أراك　アラーキ：**あなたに会う**（あなたに：女性）

（原形）رأى　ラアー：**会う、見る**　أرى　アラー：**私は見る、会う**

　私は会う＋あなたに＝私はあなたに会う
　アラー＋キ（あなたに；女性）＝アラーキ(キ＝人称代名詞の対格/目的格)

● أحبك　ウヒッブキ：**私はあなたを愛している**

（原形）أحب　アハッバ：**愛する**　أحب　ウヒッブ：**私は愛する**

　私は愛する＋あなたを＝あなたを愛してる。
　ウヒッブ＋キ（あなたを；女性）＝ウヒッブキ

- لن　ラン：〜しないでしょう

　（動詞の未完了接続形とともに、未来の否定）

- أنساك　アンサーキ：あなたを忘れる

　（原形）نسي　ナスィヤ：忘れる　　أنسى　アンサー：私は忘れる

　　私は忘れる＋あなたを＝あなたを忘れる
　　アンサー＋キ（あなたを；女性）＝アンサーキ

コラム：ハン・ハリーリは観光土産で有名である。しかし、店に置いてあるツタンカーメンなどの置物は、中国製のものがあった。そのことがわかったのは、街中の文具店で、同じ商品を見せてもらったら、箱のケースに「メイド・イン・チャイナ」と書かれていた。店員も「中国製だ。」と、なんのためらいもなく言った。キーホルダーは韓国製だった。だから、土産品は必ずしもエジプト製でないこと承知したい。

水道橋　　　　　　　　バス（３５６）

１０、手紙２

　ミワはムハマドにすぐに返事を書いた。

ムハマド

手紙、ありがとう。

私も元気です。

私もあなたに会いたいです。

手紙を送って下さい。

يا محمد.

ヤー ムハマド

رسالتك ، شكرا.

リサーラトゥカ、シュクラン

أنا بخير أيضا.

アナ ビ・ハイリン アイダン

أريد أن أراك أيضا.

ウリードゥ アン アラーカ アイダン

أرسل لي رسالة من فضلك.

アルスィル リー リサーラトン ミン ファドリカ

あなたを愛してます。

私もあなたを忘れません。

ミワ

オールドカイロ　　　　バビロン塔の跡

أحبك.

ウヒッブカ

لن أنساك أيضا.

ラン アンサーカ アイダン

ميوا ミーワー

コラム：エジプトといえば、ピラミッド。誰もが一度は見たい。行き方は、いろいろある。タクシー、バス、メトロと徒歩。

私はメトロでＧＩＺＡ駅まで行って、そこからひたすら一直線の道を歩いた。歩くこと１時間以上。やっとその勇姿が現れたときは、人並みに感動した。やはり苦労して見るほうが、感動が違う。

帰りは、エアコンバスの３５７番が始発で止まっているので、それに乗れば（２ＬＥ）いい。バスはタハリール広場を過ぎ、カイロ駅の先まで行くので、この辺になったら、他の乗客が降りるときに一緒に降りるといい。

因みに、バスの乗り方は、自分が乗る番号のバスが来たら、手をあげて乗る意思表示をして乗り込む。そうでないと、素通りしてしまうから気をつけたい。

語句の解説

● رسالتك　リサーラトゥカ：**あなたの手紙**

　手紙＋あなた＝あなたの手紙
　リサーラ＋カ（あなた；男性）＝リサーラトゥカ

● رسالة　リサーラ：**手紙**（女性名詞）

　＊この場合 ة ター・マルブータは発音され、t トゥ音に変わるので、

　リサーラトゥ＋カ＝リサーラトゥカとなる。

● أيضا　アイダン：**〜もまた**

● أراك　アラーカ：**あなたに会う**

　アラー＋カ＝アラーカ
　私は会う＋あなた（男性）＝あなたに会う

● أرسل　アルスィル：**送りなさい**（命令形）

　（原形）أرسل　アルサラ：**送る**　أرسل　ウルスィル：**私は送る**

● لي　リー：**私に**

　ل リ（〜へ、に、ために）＋ي イー（私の）＝لي リー

102

- أحبك　ウヒッブカ：**あなたを愛してる**

  (原形) أحب　アハッバ：愛する　　أحب　ウヒッブ：私は愛する

  私は愛する＋あなたを＝あなたを愛してる。
  ウヒッブ＋カ（あなたを；男性）＝ウヒッブカ

- لن　ラン：**〜しないでしょう**

  (未完了接続形とともに用いられ、未来を否定)

- أنساك　アンサーカ：**あなたを忘れる**

  (原形) نسي　ナスィヤ：**忘れる**　　أنسى　アンサー：**私は忘れる**

  私は忘れる＋あなたを＝あなたを忘れる
  アンサー＋カ（あなたを；男性）＝アンサーカ

遠方に見えるシタデル　　　　　　オールドカイロ

コラム：パソコンでアラビア語を打つ方法は、ウインドゥズXPなら、スタート、コントロールパネル、言語のオプション、他の言語を追加する、言語の詳細、追加、入力言語からサウジアラビアなどを選び、OK.を押して、これで右下の言語バーをクリックしてアラビア語と出ればOK。なお、キーボードは、スタート、プログラム、アクセサリー、ユーザー補助、スクリーンキーボードで、アラビア文字のキーボードが出ます。

アラビア文字の時計

地下鉄の出口案内板

道路標識

車のナンバー

分野別単語

<国>

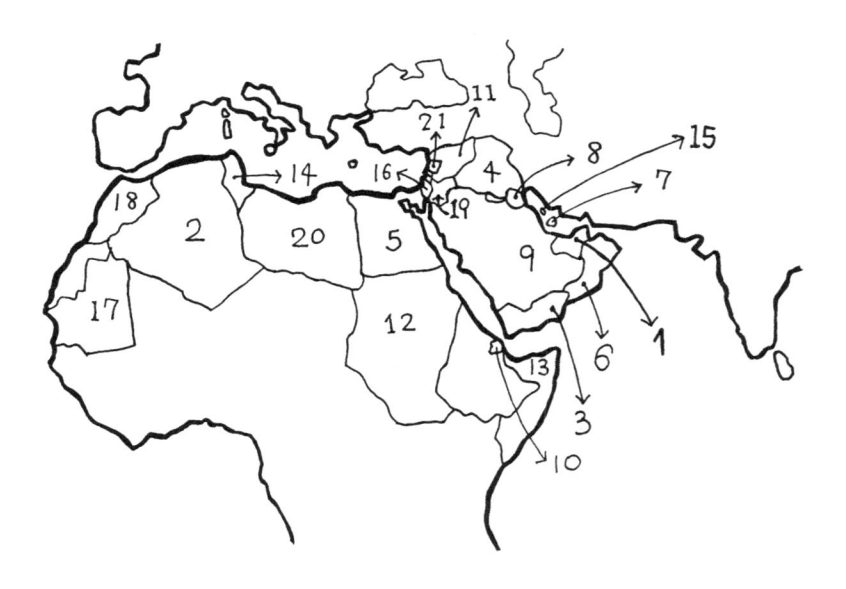

①**アラブ首長国連邦**	アル・イマーラート	الامارات
②**アルジェリア**	アル・ジャザーイル	الجزائر
③**イエメン**	アル・ヤマン	اليمن
④**イラク**	アル・イラアーク	العراق
⑤**エジプト**	ミスル	مصر
⑥**オマーン**	オマーン	عمان
⑦**カタール**	クァタル	قطر
⑧**クウェート**	アル・クワイト	الكويت
⑨**サウジアラビア**	アッ・サウーディヤ	السعودية
⑩**ジブチ**	ジーブーティー	جيبوتي
⑪**シリア**	スーリヤー	سوريا
⑫**スーダン**	アッ・スーダーン	السودان
⑬**ソマリア**	アッ・スーマール	الصومال
⑭**チュニジア**	トゥーニス	تونس

⑮バーレーン	アル・バハレーン	البحرين
⑯パレスチナ	ファレスティーン	فلسطين
⑰モーリタニア	モーリーターニヤー	موريتانيا
⑱モロッコ	アル・マグリブ	المغرب
⑲ヨルダン	アル・ウルドゥン	الاردن
⑳リビア	リービヤー	ليبيا
㉑レバノン	ルブナーン	لبنان

<国民>

	(男性)	(女性)
日本人	ياباني ヤーバーニー	يابانية ヤーバーニーヤ
エジプト人	مصري ミスリー	مصرية ミスリーヤ
アメリカ人	أمريكي アムリーキー	أمريكية アムリーキーヤ
モロッコ人	مغربي マグリビー	مغربية マグリビーヤ
アラブ人	عربي アラビー	عربية アラビーヤ
サウジアラビア人	سعودي スウーディー	سعودية スウーディーヤ
イエメン人	يمني ヤマニー	يمنية ヤマニーヤ
リビヤ人	ليبي リービー	ليبية リービーヤ
アルジェリア人	جزائرى ジャザーイリー	جزائرية ジャザーイリーヤ
チュニジア人	تونسي トゥーニスィー	تونسية トゥーニスィーヤ

<月>

	西暦	イスラム暦
1月	يناير ヤナーイル	محرم ムハッラム
2月	فبراير フェブラーイル	صفر サファル
3月	مارس マーリス	ربيع الأول ラビーウ ル・アッワル
4月	ابريل アブリール	ربيع الثاني ラビーウ サーニー
5月	مايو マーユー	جمادى الأول ジュマーダ ル・アウワル
6月	يونيو ユーニュー	جمادى الآخر ジュマーダ ル・アーヒル
7月	يوليو ユーリュー	رجب ラジャブ
8月	أغسطس ウグストゥス	شعبان シャウバーン
9月	سبتمبر スィブティンバル	رمضان ラマダーン

10月	أكتوبر	شوال
	ウクトゥーバル	シャッワール
11月	نوفمبر	نو القعدة
	ヌーファンバル	ズール・カアダ
12月	ديسمبر	نو الحجة
	ディーサンバル	ズール・ハッジャ

<時>

朝	صباح	サバーフ
昼	نهار	ナハール
夕方	مساء	マサーアン
夜	ليلا	ライラン
午前	صباحا	サバーハン
午後	بعد الظهر	バァド ッゾホル
今日	اليوم	アルヤウム
明日	غدا	ガダン
昨日	أمس	アムスィ

今週	هذا الأسبوع	ハーザール・ウスブーア
来週	الأسبوع القادم	アルウスブーア ル・カーディム
先週	الأسبوع الماضي	アルウスブーア ル・マーディー
今月	هذا الشهر	ハーザー ッシャハル
来月	الشهر القادم	アッシャハル ル・カーディム
先月	الشهر الماضي	アッシャハル ル・マーディー
今年	هذه السنة	ハーズィヒ ッサナ
来年	السنة القادمة	アッサナ ル・カーディマ
去年	السنة الماضية	アッサナ ル・マーディヤ

<曜日、四季、方角>

<曜日>

日曜日	يوم الأحد	ヤウム ル・アハドゥ
月曜日	يوم الاثنين	ヤウム ル・イスナイン
火曜日	يوم الثلاثاء	ヤウム スラーサ
水曜日	يوم الأربعاء	ヤウム ル・アルビアー
木曜日	يوم الخميس	ヤウム ル・ハミース
金曜日	يوم الجمعة	ヤウム ル・ジュムア
土曜日	يوم السبت	ヤウム サブツ

<四季>

春	الربيع	アッ・ラビーウ
夏	الصيف	アッ・サイフ
秋	الخريف	アル・ハリーフ
冬	الشتاء	アッ・シターァ

<方角>

東	الشرق	アッシャルク
西	الغرب	アルガルブ
南	الجنوب	アルジャヌーブ
北	الشمال	アッシマール
右	يمين	ヤミーン
左	يسار	ヤサール
ここ	هنا	フナー
あそこ	هناك	フナーカ
あれ	ذلك	ザーリカ

コラム：エジプト人と話をしていて、相手が「何？」と、よくわからない、というようなときにするジェスチャーがある。
　目線はそのままで、頭を左右に動かす仕草である。これは男性だけかと思っていたら、お店のおばさんもやったので、男女共通なんだとわかった。

<職業>

医者	طبيب	タビーブ
女医	طبيبة	タビーバ
看護婦	ممرضة	ムマッリダ
ドライバー	سائق	サーイク
サラリーマン	موظف	ムワッザフ
エンジニア	مهندس	ムハンディス
警官	شرطي	シュルティー
農夫	فلاح	ファッラーハ
女優	ممثلة	ムマッシラ
ガイド	دليل	ダリール

歌手 (男) مطرب　ムトゥリブ

(女) مطربة　ムトゥリバ

教師 (男) معلم　ムアッリム

(女) معلمة　ムアッリマ

銀行員(男) موظف البنك　ムワッザフ　ル・バンク

(女) موظفة البنك　ムワッザファト　ル・バンク

<家族、親戚>

家族	عائلة	アーイラ
父	أب	アブ
母	أم	ウンム
両親	والدان	ワーリダーン
夫	زوج	ザウジュ
妻	زوجة	ザウジャ
息子	ابن	イブヌ
娘	ابنة	イブナ
子供	طفل	ティフル
赤ん坊	رضيع	ラディーウ
兄弟	أخ	アフ
姉妹	أخت	ウフトゥ

祖父	جد	ジャッドゥ
祖母	جدة	ジャッダ
親戚	أقرباء	アクリバーッ
おじ(父方)	عم	アンム
おば(父方)	عمة	アンマ
おじ(母方)	خال	ハール
おば(母方)	خالة	ハーラ

<人>

男	رجل	ラジュル
女	نساء	ニサーア
外国人(男)	أجنبي	アジナビー
(女)	أجنبية	アジナビーヤ
会社員	موظف الشركة	ムワッザフ アッ・シャリカ
学生 (男)	طالب	ターリブ
(女)	طالبة	ターリバ
少女	بنت	ビント
少年	ولد	ワラド
友人	صديق	サディーク
若者	شباب	シャバーブ

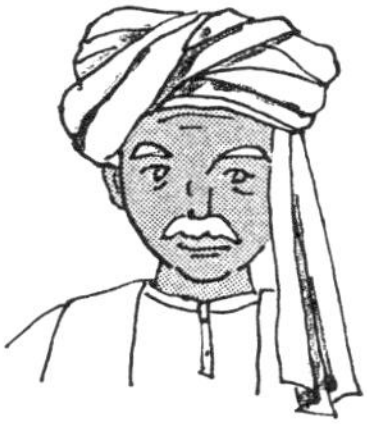

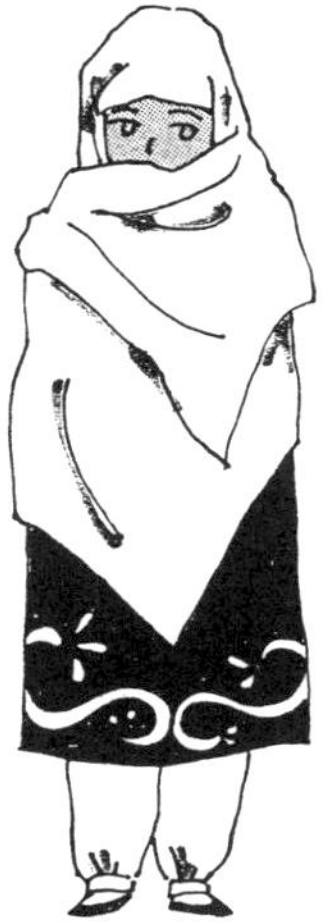

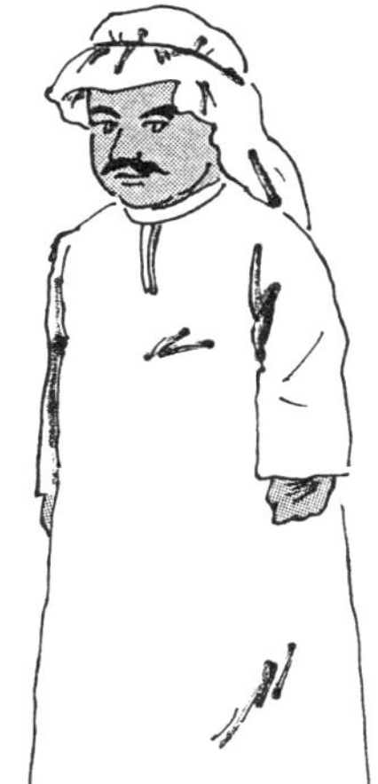

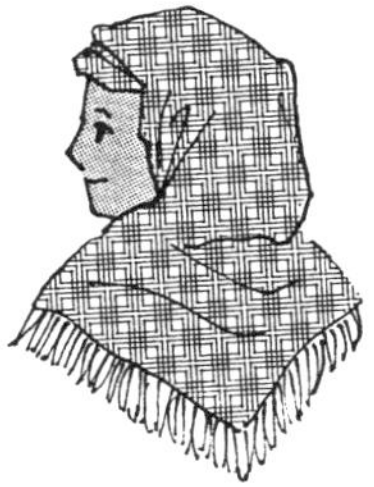

<数詞>

		男性形		女性形	
1	١	واحد	ワーヒドゥ	واحدة	ワーヒダ
2	٢	اثنان	イスナーン	اثنتان	イスナターン
3	٣	ثلاثة	サラーサ	ثلاث	サラース
4	٤	أربعة	アルバア	أربع	アルバウ
5	٥	خمسة	ハムサ	خمس	ハムス
6	٦	ستة	スィッタ	ست	スィットゥ
7	٧	سبعة	サブア	سبع	サブウ
8	٨	ثمانية	サマーニヤ	ثمان	サマーニー
9	٩	تسعة	ティスア	تسع	ティスウ
10	١٠	عشرة	アシャラ	عشر	アシュル

11 ١١ أحد عشر　　アハダ アシャラ

12 ١٢ اثنا عشر　　イスナー アシャラ

13 ١٣ ثلاثة عشر　　サラーサタ アシャラ

14	أربعة عشر ١٤	アルバアタ アシャラ
15	خمسة عشر ١٥	ハムサタ アシャラ
16	ستة عشر ١٦	スィッタタ アシャラ
17	سبعة عشر ١٧	サブアタ アシャラ
18	ثمانية عشر ١٨	サマーニヤタ アシャラ
19	تسعة عشر ١٩	ティスアタ アシャラ
20	عشرون ٢٠	イシュルーナ
21	واحد و عشرون ٢١	ワーヒドゥ ワ イシュルーン
22	اثنان و عشرون ٢٢	イスナーニ ワ イシュルーン
30	ثلاثون ٣٠	サラースーン
40	أربعون ٤٠	アルバウーン
50	خمسون ٥٠	ハムスーン
60	ستون ٦٠	スィツーン
70	سبعون ٧٠	サブウーン

80	٨٠	ثمانون	サマーヌーン
90	٩٠	تسعون	ティスウーン
100	١٠٠	مائة	ミア (トゥン)
101	١٠١	مائة و واحد	ミア ワ ワーヒドゥ
102	١٠٢	مائة و اثنان	ミア ワ イスナーン
200	٢٠٠	مائتان	ミアターン
300	٣٠٠	ثلاثمائة	サラースミア
400	٤٠٠	أربعمائة	アルバウミア
500	٥٠٠	خمسمائة	ハムスミア
600	٦٠٠	ستمائة	スィットゥミア
700	٧٠٠	سبعمائة	サブウミア
800	٨٠٠	ثمانمائة	サマーニミア
900	٩٠٠	تسعمائة	ティスウミア
1000	١٠٠٠	ألف	アルフ

<序数>

	男性形	女性形
第 1	الأول アル・アッワル	الأولى アル・ウーラー
第 2	الثاني アッ・サーニー	الثانية アッ・サーニヤ
第 3	الثالث アッ・サーリス	الثالثة アッ・サーリサ
第 4	الرابع アッ・ラービウ	الرابعة アッ・ラービア
第 5	الخامس アル・ハーミス	الخامسة アル・ハーミサ
第 6	السادس アッ・サーディス	السادسة アッ・サーディサ
第 7	السابع アッ・サービウ	السابعة アッ・サービア
第 8	الثامن アッ・サーミン	الثامنة アッ・サーミナ
第 9	التاسع アッ・タースィウ	التاسعة アッ・タースィア

第10　العاشر　العاشرة

アル・アーシル　　アル・アーシラ

コラム：カイロの空港で、サウジアラビア人の若い男が、自分で取りに行けばいいのに、掃除夫のおばさんにチップを渡して、10メートル先にあるカート（荷物を運ぶ台車）を持って来させたり、コーヒーショップのおねえさんに、自分の座っている席までコーヒーを運ばせていた。また、掃除のおばさんは、彼がお金があるのを知っているのか、ニコニコしながら彼に話しかけては、周辺を掃いていた。すると彼は、財布から小銭を取り出して渡した。同じアラブでも、金のある人間との格差を垣間見た思いがした。

コラム：裏通りにはカフェが多くある。そこでは男たちがシーシャという水タバコを吸っている姿を目にする。シャーイ（紅茶）（50P：日本円で10円）は、渇いた喉には一番だった。店の前の路上の椅子に座ってシャーイを飲んでいれば、シーシャを吸う地元の男たちといつのまにか会話が弾んでいた。

シャーイ　　　　　　シーシャ(水タバコ)

エジプト方言の基本表現

エジプト方言の基本表現

出会ったとき

●あなた方の上に平安あれ。(朝、昼、晩、会った時、別れる時も使える)。
アッサラーム　アレークム

●あなた方の上にこそ平安あれ。(返事)
ワ　アレークム　ッサラーム

●おはようございます。
サバーフル・ヘイル

●おはようございます。(返事)
サバーフ・ンヌール

●こんにちは。こんばんは。
ミサーウル・ヘール

●こんにちは。こんばんは。(返事)
ミサーウ・ンヌール

●調子はどう？
イッザイヤック

●おかげさまで、順調です。
クワイイス　イル・ハムド　リッラー

●ようこそいらっしゃいました。
　アハラン　ワ・サハラン

●ようこそ。
　マルハバン

●お世話になります。
　アハラン　ビ・ク

●お会いできてうれしい。
　フルサ　サイーダ

●お会いできてうれしいです。
　タシャッラフナー

ホテルのベランダから　　　カイロの公衆トイレ

別れるとき

●さようなら。(去る人に言う)
　マアッサラーマ

●神があなたを守りますように。(返事)
　アッラーフ　イサッリマック

●また元気な顔で会いましょう。
　アシューフ　ウィッシャック　ビ・ヘール

●失礼します。　／　ごめんください。
　アッサラーム　アレークム

●おいとまします。
　アン　イズナック

●おやすみなさい。
　ティスバハ　アラー　ヘール

●おやすみなさい。
　ワ・エンタ　ミナ　アハルル・ヘール

コラム：ホテルの従業員が、日本語を教えてくれ、というので、簡単な日本語会話を教えてあげた。以来彼は私を見るなり、「ゲンキデスカ？」と言ってくれた。私のほうも、「イザイヤック？」という具合である。でも、これでお互いにすごく打ち解けたことは、言うまでもない。

感謝の言葉

●ありがとう。
シュクラン

●ありがとうございます。
シュクラン　ガズィーラン

●ありがとう。
ムタシャッキル

●どういたしまして。
アフワン

謝罪の言葉

●ごめんなさい。
マァレーシ

●気にしないでください。
マァレーシ

●何でもありません。
マフィーシュ　ハーガ

コラム：カイロの街中には、まだロバや馬が運搬手段として活躍している。羊さえ見かける。ただし、私たちが知っている白い羊ではなく、黒い毛並みをしている。

返事

●はい。／ そうです。／ わかりました。
　アイワ

●いいえ。／ ちがいます。
　ラー

●わかりました。
　フィヒムト

●わかりません。
　アナ　ムシュ　ファーヒム

●承知しました。
　ハーディル

声をかけるとき

●すみませんが。
　ラウ　サマハト

●すみませんが、お願いします。
　ミン　ファドラック

●失礼ですが。
　ラ　ムアーハザ

頼みごとをする

●お願いがあるのですが。
　アンディー　タラブ　ミンナッ・ク

●ちょっとお願いしてもよろしいですか？
　ムムキン　アトゥルブ　ミンナッ・ク　ヒドマ

許可を求める

●タバコを吸ってもいいですか？
　ムムキン　アダッハン

●ここに座ってもいいですか？
　ムムキン　アァオド　ヘナ

●ここで写真を撮ってもいいですか？
　ムムキン　アサゥウィル　ヘナ

カイロの八百屋　　　　　　　カイロの郵便ポスト

~が欲しいです

●私はこれが欲しいです。(男性の場合)
　アナ　アーウィズ　ダ

●私はこれが欲しいです。(女性の場合)
　アナ　アウザ　ディ

●私はこれは欲しくありません。
　アナ　ムシュ　アーウィズ　ダ

●私はコーヒーが飲みたいです。
　アナ　アーウィズ　アシュラブ　アハワ

ものを尋ねる

何？

●何ですか？
　エー

●これは何ですか？
　エーダ

●何があったんですか？
　フィー　エー

●それはどういう意味ですか？
　ヤァニー　エー

|どこ?|

●どこ?
　フェーン

●ここはどこですか?
　ヒナー　フェーン

●ヒルトンホテルはどこですか?
　フンドゥウ　ヒルトン　フェーン

●日本大使館はどこですか?
　フェーン　スィファーラトル・ヤーバーン

●どちらにお住まいですか?
　ハドラタッ・ク　サーキン　フェーン

●これをどこで手に入れたのですか?
　ギフト　ダ　ミニーン

|誰?|

●誰?
　ミーン

●あなたは誰ですか?
　インター　ミーン

|量・値段|

●いくら？
　ビ・カーム

●これはいくらですか？
　ダ　ビ・カーム

●どのくらい時間がかかりますか？
　ヤーホド　ワァト　アッド　エー

|いつ？|

●いつ？
　エムタ

●今、何時ですか？
　イッ・サーア　カーム　ディルワアティ

●いつエジプトに来ましたか？
　ゲート　マスル　イムタ

●いつ旅行に出ますか？
　ハ・ティサーフィル　イムタ

> どのように？

●どのように？
　イッザイ

●あなたのお名前はどのように書くのですか？
　イッザイ　ティクティブ　イスマッ・ク

●どうやってそこに行くのですか？
　イッザイ　トルーハ　ヒナーク

> なぜ？

●なぜ？
　レー

●どうしてそんなことをしたんですか？
　レー　アマルト　キダ

●なぜそんなに急いでいるのですか？
　ミスタアギル　キダ　レー

●どうして知っているのですか？
　エーラ　アッラファッ・ク

|自分について話す|

●私は日本人です。(男性)
　アナ　ヤーバーニー

●私は日本人です。(女性)
　アナ　ヤーバーニーヤ

●私たちは日本人です。
　イヒナー　ヤーバーニーイーン

●私は日本から来ました。
　アナ　ミニル・ヤーバーン

●私は観光客です。
　アナ　サーイフ

●私の名前は〜です。
　イスミー　〜

|状態を表す|

●疲れています。　　　　　　　　　　　アナ　タァバーン

●お腹が空いています。　　　　　　　　アナ　ガアーン

●のどが渇いています。　　　　　　　　アナ　アトシャーン

(CD-53)

感情を表す

●とてもうれしいです。　　　　　　　アナ　ファルハーン

●怒っています。／　悲しいです。　　アナ　ザァラーン

相手のことを尋ねる

●あなたはエジプト人ですか？（男性に）
　エンタ　マスリー

●あなたはエジプト人ですか？（女性に）
　エンティ　マスリーヤ

●あなたのお名前は？
　エンタ　イスマッ・ク　エー

●どちらから来ましたか？
　ハドラタッ・ク　ゲート　ミニーン

●あなたはエジプトに何年いますか？
　バア　ラッ・ク　カム　サナ　フィ　マスル

コラム：カイロ市内には、本屋は数軒ある。でも、定評のあるアラビア語・英語辞典 (Hans Wehr) の辞書は、一ヶ所しかなかった。アメリカン大学の本屋へ行けば、数冊置いてあるし、一番安かったので、ここで購入することをオススメする。日本円で 1,800 円くらいで買える。

相手の言うことがわからないとき

●どういう意味ですか？
　ヤァニー　エー

●何を言いたいのですか？
　トォソド　エー

●この言葉の意味は何ですか？
　イッ・ケリマ　ディ　マァナー・ハー　エー

●もう一度言ってください。
　ウール　マッラ　タニヤ、　ラウ　サマフト

　　　ミネラルウォーター　　　　　　郵便局（ドバイ）

コラム：カイロは暑いので、水分をとってもとっても喉が乾く。そこで私は、ホテルではお湯をもらって飲んでいた。このほうが、喉の乾きにはいい。お湯はアラビア語で「マーァ・サーヒン」。

|その他|

- ●少し / ちょっと　　　　　　　　シュワイヤ

- ●少しづつ / ゆっくりと　　　　　シュワイヤ　シュワイヤ

- ●もっと　　　　　　　　　　　　カマーン

- ●もう少し　　　　　　　　　　　カマーン　シュワイヤ

- ●そうではありません。　　　　　ムシュ　キダ

- ●まだ　　　　　　　　　　　　　リッサ

- ●ところで　　　　　　　　　　　アラー　フィクラ

- ●もう終わりです。 / もうやめましょう。　ハラース

- ●もう充分です　　　　　　　　　キファーヤ

コラム：ハン・ハリーリで買うよりも、賢い買い物の方法として、街中の商店で買うことを勧める。地元民が買うからまず問題はない。縫製もちゃんとしていたし、また値段は、定価である。あるいは、店には、バーゲン品もあり、掘り出し物が安く買える。

＊エジプト方言などアーンミーアは話し言葉なので、通常文字では書かれないので、ここでは、エジプト方言をカタカナで表した。

アザーン

アッラーは至大なり

我は証する、アッラーの他に神のなきことを

我は証する、ムハンマドはアッラーの使いであることを

礼拝に来たれ

救いに来たれ

アッラーは至大なり

アッラーの他に神なし

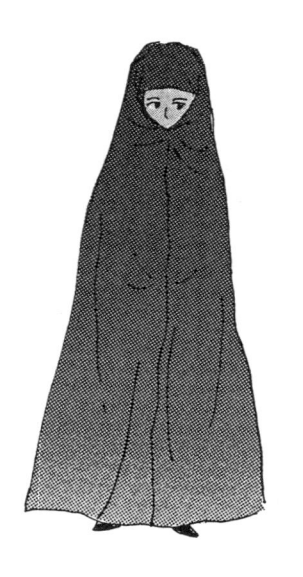

الله أكبر.

アッラーフ アクバル

أشهد أن لا اله الا الله.

アシュハドゥ アンラー イラーハ イッラルラーハ

أشهد أن محمدا رسول الله.

アシュハドゥ アンナ ムハンマダッラ スールッラー

حي على الصلاة.

ハイヤ アラッ サラー

حي على الفلاح.

ハイヤ アラル ファラーハ

الله أكبر.

アッラーフ アクバル

لا اله الا الله.

ラー イラーハ イッラッラーフ

コラム：イスラム諸国に滞在していると、1日に5回、アザーンが聞こえてきます。イスラム教では、1日に5回の礼拝が義務づけられているので、その礼拝の時間が近づくとそれを知らせる「礼拝への呼びかけ」（アザーン）が街中に響き渡ります。

ドバイの空港では、チェックイン・カウンターのある待合室にまで、朗々と謳われたアザーンを流していました。

毎日カイロで聞いていたアザーン。心地よい響きが、耳に今でも残っています。

このアザーンを行う人をムアッズィンといいます。

ハン・ハリーリ　　　　　　フセイン・モスク

ヒエログリフのアイウエオ表

aア	iイ	uウ	eエ	oオ
kaカ	kiキ	kuク	keケ	koコ
saサ	shiシ	suス	seセ	soソ
taタ	chiチ	tsuツ	teテ	toト
naナ	niニ	nuヌ	neネ	noノ
haハ	hiヒ	fuフ	heヘ	hoホ
maマ	miミ	muム	meメ	moモ
yaヤ		yuユ		yoヨ
raラ	riリ	ruル	reレ	roロ
waワ				nン

ヒエログリフのアルファベット

a ア	i イ　　y イ	a ア	u ウ	o オ
b ブ	p プ	f フ	m ム
n ヌ	r ル	h フ	h フ
kh ク	l ル	z ズ	s ス
sh シュ	q ク	k ク	g グ
t トゥ	tj チュ	d ドゥ	dj ジュ

考古学博物館　　　　　　ギザのピラミッド

146

4章

基本文法

★文字と発音

1、アラビア語の文字は、28文字からなります。(この他に、ハムザもあります。)

　これらを単独で書く場合を、ここでは独立形と呼ぶことにします。しかし、実際のアラビア語の文章では、語頭、語中、語尾で、使われる文字の位置によって、変化します。
　なお、アラビア語は、右から左へと書かれ、読みます。

○アラビア語のアルファベットは、別表10ページ〜参照。

＜文字と発音記号＞

　アラビア語は、アリフを除いてすべて子音です。
その子音のみで発音するか、子音に母音記号をつけて発音します。
　アラビア語の母音は、ア a、イ i、ウ u、の3つです。

1、　**母音記号**　母音、(例) بـ　バーを例に使って説明します。

（文字の上に付く）ファトハ　-　a ア　　بَ　ba バ

（文字の下に付く）カスラ　　-　i イ　　بِ　bi ビ

（文字の上に付く）ダンマ　　-　u ウ　　بُ　bu ブ

* أَ ア　إِ イ　أُ ウ　اアリフには、通常ハムザ (ء) とともに使う。

スクーン - 無母音記号　（例）： بْ b ブ

2、長母音
（例）：

アー　ا + َ　（例）：　ا + بَ = بَا　バー

イー　ي + ِ　（例）：　ب + ي = بِي　ビー

ウー　و + ُ　（例）：　بُ + و = بُو　ブー

アー آ　　イー إِي　　ウー أُو

クリークの沿道（ドバイ）　　アブラの乗り場（ドバイ）

3、2重母音　アイ ay とアウ aw

アイ　　　　َيْ-　　　(例)：　يْ +بَ = بَيْ　バイ

アウ　　　　َوْ-　　　(例)：　وْ +بَ = بَوْ　バウ

4、発音記号

＊シャッダ　ّ　　　同じ文字を2回繰り返される。

例：دَرَّسَ darrasa ダラッサ رر rr が2回繰り返される。

シャッダで、母音 i を示すカスラは、シャッダ記号の下に書かれる。

例：　　سَيِّدٌ　　　サイイド　「～氏」

اَلسَّيِّد مُحَمَّدٌ　　　ムハンマド氏

(アッ・サイイド) (ムハンマドゥ)

コラム：カイロは、風が常に吹いているので、暑いとは言っても東南アジアの蒸し暑さから思えば、天国である。また湿度が低いので、日陰は涼しい。でもやたら喉が乾くので、水分の補給は欠かせない。

＊タンウィーン

ウン un － ～は、が（主格）

كِتَابٌ　　キターブン「ある本は」

イン in － ～の（所有格 または 属格）

كِتَابٍ　　キタービン「ある本の」

アン an － ～を（目的格 または 対格）

كِتَابًا　　キターバン「ある本を」

＊アン an の場合は、（ター・マルブータとハムザを除いて）、

その後にاアリフが付きますが、発音には影響はない。

＊マッダ ´ または、ｱﾘﾌの上に ˜ が付くと、

そこが「アー」という長母音になるという印。

例:「これは〜です。」 〜 هَٰذَا　　ハーザー（男性名詞）

　　「これは〜です。」 〜 هَٰذِهِ　　ハーズィヒ（女性名詞）

アー آ マッダが付いたアリフ。ｱﾘﾌの上にマッダ「˜」が付くと、「アー」と長母音になる。

例:　قُرْآنٌ　　　クルアーン 「コーラン」

＊ワスラ ٱ ｱﾘﾌの上にワスラ記号が付くと、その音が発音されないことを示す。

例: وَعَلَيْكُمُ ٱلسَّلَامُ　　「こんにちは（返事）」

　ワ　アライクム　ッサラーム（アッサラームでなく、ア音が脱落する）

<定冠詞に関連した規則>

定冠詞 اَلْ アルの直後に音韻上の変化を起こす１４個の文字（太陽文字と呼ばれる）がくると、定冠詞アルは、「アッ」という音に変わる。

　音韻上の変化を起こす14個の太陽文字は、

ت ث د ذ ر ز س ش ص ض ط ظ ل ن

太陽文字の上には、ّ シャッダ記号を必ず置く。

例： اَلسَّلَامُ عَلَيْكُمْ.

アッ・サラーム　アライクム

＊太陽文字 س があるので、アル・サラームとはならない！

＊太陽文字の ن ヌーンの場合は、表記はアン・～と例外となる。

اَلنَّجْمُ　アン・ナジュム　「星」、アッ・ナジュムとはならない。

153

なお、定冠詞 اَلْ アルの ا アの音は、他の語が前にくると脱落して発音されない。

صَبَاحُ ٱلْخَيْرِ 　　　「おはようございます。」

サバーフ　ル・ハイリ
（サバーフ　アル・ハイリではない！）

＜定冠詞の使い方＞

名詞の語頭に定冠詞 اَلْ アルを付けると、「その〜」と、名詞に限定の意味をもつ。

例： كِتَابٌ 　　　キターブン　　　　１冊の本が

اَلْكِتَابُ 　　アル・キターブ　　その本が

＊語尾の発音の変化に注意！
定冠詞が付くと、後の語は限定され、非限定の印のタンウィーンがなくなる。

＜前置詞＞

● فِي　フィー　「〜の中に」

هِيَ فِي ٱلْغُرْفَةِ　　彼女は部屋の中にいます。

ヒーヤ　フィ　ル・グルファ

● مِنْ　ミン　「〜から」

أَنَا مِنَ ٱلْيَابَانِ.　　私は日本から来ました。

アナー　ミナ　ル・ヤーバーン

＊後ろに定冠詞付きの名詞がくると、発音上「ミン」は「ミナ」となる。

● عَلَىٰ　アラー　「〜の上に、〜に接している」

عَلَىٰ ٱلْمَكْتَبِ.　　机の上にあります。

アラ　ル・マクタブ

- حَوْلَ ハウラ 「〜のまわりに、およそ〜」

- تَحْتَ タフタ 「〜の下に」

تَحْتَ ٱلْكُرْسِيِّ．　　イスの下にあります。

タフタ　ル・クルスィー

- إِلَى イラー 「〜へ」

- أَمَامَ アマーマ 「〜の前に」

- لِ リ 「〜へ、〜のために」

- وَرَاءَ ワラーア 「〜の後ろに」

- بِ ビ 「〜でもって、〜の中に」

- مَعَ マア 「〜とともに」

1、フィー、アラー、イラーの後に定冠詞アルが付くと、
それぞれ、「フィ」、「アラ」、「イラ」の短母音に変わる。

例： إِلَى اَللِّقَاءَ　イラッ リカーウ　また会いましょう。

前置詞「イラー」は、「イラッ」の短母音に変わる。

2、~ مِنْ　ミン ~から　後ろに定冠詞付きの名詞が続くと、

発音は「ミン」から「ミナ」に変わる。

例： مِنْ أَيْنَ أَنْتَ؟　ご出身はどちらですか？

　　（アンタ）（アイナ）（ミン）
　　（あなた）（どこ）（から）

変わる例： مِنَ اَلْيَابَان.　日本から

　　　（ル・ヤーバーン）　（ミナ）
　　　　（日本）　　　　（から）

変わらない例： مِنْ مِصْرُ エジプトから

（ミスル）　（ミン）
（エジプト）（から）

3、前置詞の次ぎに来る名詞は、常に所有格（属格）となる。
　この名詞を修飾する形容詞も所有格となる。
＊形容詞の格は、それが修飾する名詞の格に常に一致する。

例： مِنْ مَسْجِدٍ　ミン マスジディン　あるモスクから

アの音の後に点のない ى が続くと、発音上「アー」という長母音を示す場合がある。

例： مَتَى ؟　マター　いつ？

عَلَى　アラー　〜の上に、　إِلَى　イラー　〜へ、

＊疑問詞　ハル「～か?」は、以下の時、発音が「ハリ」に変わる。「ハル」は、アルのルに続き、子音が２つ重なり発音しにくいので、「ハリ」に変わる。

例：　هَل ٱلْفندُقُ جَدِيدٌ.

　　ハリ　ル・フンドゥク　ジャディードゥ
　　（ハル　ル・フンドゥク～ではない！）

＜名詞について＞

アラビア語の名詞には、男性名詞と女性名詞がある。

一般に、ة で終わる語は、女性名詞です。

例：　قَهْوَةٌ　カフワ(トゥン)　「コーヒー」は、女性名詞。

＊　ة は、会話では省略され、カフワと発音される。

男性名詞から女性名詞を作る方法は、男性名詞の語尾の ٌ を除き、ａアを示す ´ に替える。そして、ة の上に ٌ を置く。

طَالِبٌ　　ターリブ(ン)　　　　男子学生

طَالِبَةٌ　　ターリバ(トゥン)　　女子学生

＊会話では、語尾の「un ウン」は、「u ウ」に簡略化され、ـةは省略されるので、発音上は、「ターリブ」「ターリバ」となる。

　よって、男性名詞と女性名詞との区別は、語尾が「ブ bu」と「バ ba」と考えればいい。

＜形容詞＞

　修飾する語の性に準じて男性形、女性形に変化する。
なお形容詞は、名詞の後ろに置かれる。

كَبِيرٌ　　　　　　بَيْتٌ　　　　　大きな家

(カビール)　　　　(バイトゥ)
(大きな：男性形)　(家：男性名詞)

قَدِيمَةٌ　　　　　سَيَّارَةٌ　　　　古い自動車

(カディーマ)　　　(サイヤーラ)
(古い：女性形)　　(自動車：女性名詞)

名詞に冠詞が付く場合（限定名詞）、形容詞にも冠詞を付ける。

اَلْكَبِيرُ　　　اَلْبَيْتُ　　　その大きな家

(ル・カビール)　　(アル・バイトゥ)
(大きい)　　　　(その家)

*前に単語があるから、アルのアは脱落し、アル・カビールでなく、ル・カビールとなる。

اَلْقَدِيمَةُ　　　اَلسَّيَّارَةُ　　その古い自動車

(ル・カディーマ)　　(アッ・サイヤーラトゥ)
(古い)　　　　　　(その自動車)

*このター・マルブータは、通常発音される。
*太陽文字があるから「アル・サイヤーラトゥ」ではなく、「アッ・サイヤーラトゥ」。
*述語は、主語の性に合わせる。

طَالِبٌ　أَنْتَ　　あなた（男性）は男子学生です。

(ターリブ)　(アンタ)

طَالِبَةٌ　أَنْتِ　　あなた（女性）は女子学生です。

(ターリバ)　(アンティ)

（1）、不定名詞＋不定形容詞

بَيْتٌ كَبِيرٌ　　　大きな家

(カビール)　(バイトゥ)
(大きい)　　(家)

（2）、限定名詞＋限定形容詞

اَلْبَيْتُ ٱلْكَبِيرُ　　　その大きな家

(ル・カビール)　(アル・バイトゥ)
　(大きい)　　　　(その家)

（3）、限定名詞＋不定形容詞

اَلْبَيْتُ كَبِيرٌ　　　その家は大きい。

(カビール)(大きい)　(アル・バイトゥ)(その家)

اَلْبَيْتُ ٱلْكَبِيرُ جَدِيدٌ　　　その大きな家は新しい。

(ジャディードゥ)　(ル・カビール)　(アル・バイトゥ)
新しい（述語）　　　大きな　　　その家は（主語）

162

> **コラム**：パソコンでアラビア語を使えるようになったら、ひとつの飾文字を作る方法をお教えしよう。
> 　例えば、本屋（マクタバ：maktaba）というアラビア文字 مكتبة を مــــكــــتــــبــــة と横長に書くには、
> 　まず、アラビア語の「m」（キーの位置は「L り」）を打って、次にシフトを押して j を打つと、不思議不思議、m の文字が横にビヨーンと伸びる。以下同様に打てば、横長文字が書けます。
> 　　下の看板の文字に注目してください！

本屋の看板

ハンバーガー店の看板

ホテル

ジュース屋

★人称代名詞

主格（〜は）、属格：所有格（〜の）、対格：目的格（〜を）

◎人称代名詞（主格：〜は）

أَنَا　アナ　　　私は	نَحْنُ　ナフヌ　　私たちは
أَنْتَ　アンタ　あなたは (男性)	أَنْتُمْ　アントゥム　あなたたちは
أَنْتِ　アンティ あなたは (女性)	أَنْتُنَّ　アントゥンナ あなたたちは
هُوَ　フーワ　彼は,それは (男性名詞)	هُمْ　フム　　　彼らは
هِيَ　ヒーヤ 彼女は,それは (女性名詞)	هُنَّ　フンナ　　彼女らは

◎人称代名詞（属格 / 所有格：〜の）

ي-　イー　私の	نَا-　ナー　私たちの
كَ-　カ　あなたの (男性)	كُمْ-　クム　あなたたちの
كِ-　キ　あなたの (女性)	كُنَّ-　クンナ あなたたちの
هُ-　フ　彼の,それの (男性名詞)	هُمْ-　フム　　彼らの
هَا-　ハー　彼女の、それの (女性名詞)	هُنَّ-　フンナ　彼女らの

★人称代名詞の属格（所有格）は、単語の後ろに表の接尾辞を加える。

私の本： ي + كِتَابٌ → كِتَابِي

　　イー ＋ キターブ → キタービー
　　私の　　　本　　　　私の本

あなたの本： (كَ)كِ + كِتَابٌ → كِتَابُكَ

　　　カ（キ）＋ キターブ → キターブ・カ（キ）
　　　あなたの　　本　　　　あなたの本

彼の本： هُ + كِتَابٌ → كِتَابُهُ

　　フ ＋ キターブ → キターブ・フ
　　彼の　　本　　　　彼の本

彼女の本： هَا + كِتَابٌ → كِتَابُهَا

　　ハー ＋ キターブ → キターブ・ハー
　　彼女の　　本　　　　彼女の本

　　ドバイのアブラ（渡し舟）　　ドバイのクリーク

165

◎人称代名詞 (対格 / 目的格:〜を)

نِي-	ニー	私を	نَا-	ナー	私たちを
كَ-	カ	あなたを (男性)	كُمْ-	クム	あなたたちを
كِ-	キ	あなたを (女性)	كُنَّ-	クンナ	あなたたちを
هُ-	フ	彼を、それを (男性名詞)	هُمْ-	フム	彼らを
هَا-	ハー	彼女を、それを (女性名詞)	هُنَّ-	フンナ	彼女らを

＊動詞と結合して対格（目的格）を表す。

例) 彼は私を打った : ニー ＋ ダラバ → ダラバ・ニー
　　　　　　　　　　私を　　彼は打った　　彼は私を打った

彼は**私**を打った。　　　　　　ダラバ・ニー　　ضَرَبَنِي

彼は**あなた**を打った。　　　　ダラバ・カ　　　ضَرَبَكَ

彼は**あなた(女)**を打った。　　ダラバ・キ　　　ضَرَبَكِ

彼は**彼**を打った。　　　　　　ダラバ・フ　　　ضَرَبَهُ

彼は**彼女**を打った。　　　　　ダラバ・ハー　　ضَرَبَهَا

★双数

アラビア語の名詞は、単数のほかに、双数、複数があります。

○単数は、「1つの〜」、「1人の〜」
○双数は、「2つの〜」、「2人の〜」
○複数は、「3つ以上の〜」、「3人以上の〜」

<双数の作り方>

★単数名詞の語尾に انِ 〜 (〜アーニ) で表す。

  1冊の本: كِتَابٌ   キターブ

  2冊の本: كِتَابَانِ   キターバーニ

1台の自動車: سَيَّارَةٌ   サイヤーラ

2台の自動車: سَيَّارَتَانِ   サイヤーラターニ

★複数

＜複数の作り方＞

★男性規則複数形　　ونَ ~ （~ ウーナ）で表す。

1人の先生：مُدَرِّسٌ　　ムダリッス

複数の先生：مُدَرِّسُونَ　　ムダッリスーナ

★女性規則複数形　　اتَ ~ （~ アートゥ）で表す。

1台の車：سَيَّارَةٌ　　サイヤーラ

複数の車：سَيَّارَاتٌ　　サイヤーラートゥ

★不規則形のほうが、規則形よりも多数ある。

1人の男の子：وَلَدٌ　ワラドゥ　男の子たち：أَوْلَادٌ　アウラードゥ

1人の女の子：بِنْتٌ　ビントゥ　女の子たち：بَنَاتٌ　バナートゥ

★動詞の解説

1、アラビア語の動詞は、大きく分けて、完了形と未完了形があります。
①、完了形は、過去（〜した）や現在完了（〜してしまった）を表します。
②、未完了形は、現在（〜します）、現在進行形（〜しています）、未来（〜するでしょう）を表します。

2、アラビア語の動詞の基本形は、完了形です。
特に、3人称男性単数の「彼は〜した」が、基本形で、これを原形と呼びます。他の人称は、この原形を一定の形に語尾変化させて表します。

＜完了形の人称活用表＞　規則動詞

（例）彼は書いた كَتَبَ kataba　カタバ　（書く：原形）

＊以下の変化表から、katab は、変わらないが（規則動詞）、語尾は人称で変わることがわかる。

ktb：語根と言われ、k：第1語根、t：第2語根、b：第3語根、である。

（単数形）　　　　　　　　　　　　変化語尾

3人称単数	彼は書いた katab	**a**	カタバ	كَتَبَ
3人称単数	彼女は書いた katab	**at**	カタバトゥ	كَتَبَتْ
2人称単数	あなた(男)は書いた katab	**ta**	カタブタ	كَتَبْتَ
2人称単数	あなた(女)は書いた katab	**ti**	カタブティ	كَتَبْتِ
1人称単数	私は書いた katab	**tu**	カタブトゥ	كَتَبْتُ

(双数：2人)

3人称 ＊男性,男女	彼ら2人は書いた katab **aa** カタバー كَتَبَا
3人称 ＊女性のみ	彼女ら2人は書いた katab **ataa** カタバター كَتَبَتَا
2人称 ＊男性,女性,男女	あなた方2人は書いた katab **tumaa** カタブトゥマー كَتَبْتُمَا

(複数形)

3人称複数	彼らは書いた katab **uu** カタブー كَتَبُوا
3人称複数	彼女らは書いた katab **na** カタブナ كَتَبْنَ
2人称複数 ＊男性、男女混合	あなた方は書いた katab **tum** カタブトゥム كَتَبْتُمْ
2人称複数 ＊女性のみ	あなた方は書いた katab **tunna** カタブトゥンナ كَتَبْتُنَّ
1人称複数 ＊男女	私達は書いた katab **naa** カタブナー كَتَبْنَا

＊語根も変わるものがあるが（不規則動詞）、語尾活用変化は同じ。

例) كَانَ　kaana　カーナ　いた、〜であった

كَانَ	kaan	a	カーナ	3人称男性単数
كَانَتْ	kaan	at	カーナトゥ	3人称女性単数
كُنْتَ	kun	ta	クンタ	2人称男性単数
كُنْتِ	kun	ti	クンティ	2人称女性単数
كُنْتُ	kun	tu	クントゥ	1人称男・女単数
كَانَا	kaan	aa	カーナー	3人称男・女双数
كَانَتَا	kaan	ataa	カーナター	3人称女性双数
كُنْتُمَا	kun	tumaa	クントゥマー	2人称男・女双数
كَانُوا	kaan	uu	カーヌー	3人称男性複数
كُنَّ	kun	na	クンナ	3人称女性複数
كُنْتُمْ	kun	tum	クントゥム	2人称男・女複数
كُنْتُنَّ	kun	tunna	クントゥンナ	2人称女性複数
كُنَّا	kun	naa	クンナー	1人称男・女複数

＊ポイントは、
　　　　kaan-a（a母音で始まると、kaan）
　　　　kun-tu（tu子音で始まると、kun）

<時制とその否定形>

「行く」を例にとって説明します。

●未完了形：私は行く。

أَذْهَبُ　　　アズハブ　adhhabu

●完了形：私は行った。

ذَهَبْتُ　　　ザハブトゥ　dhahabtu

●未来形：私は行くでしょう。未完了形の前に سـ サを付ける。

سَأَذْهَبُ　　　サ・アズハブ　sa adhhabu

●未完了形の否定：لا ラー（〜しない）を使う。

私は行かない。　لا أَذْهَبُ　ラー　アズハブ　laa　adhhabu

●過去の否定：ما マー（〜しなかった）を使う。

私は行かなかった。ما ذَهَبْتُ　マー　ザハブトゥ　maa　dhahabtu

コラム：ドバイは蒸し暑く、ちょっと歩くとTシャツは汗でびっしょりになり、顔からは汗が流れ落ちてくる。また、街の中心街はちょうど東京の秋葉原（電気街）、御徒町（食料品、乾物、雑貨）、日本橋横山町（衣料品）という感じだ。

●未来の否定：لَنْ ラン（〜しないでしょう）を使う。

なお、ランは、未完了接続形とともに用いられ、未来の否定を表す。だから、ランの後は、未完了接続形が置かれる。

私は行かないでしょう。لَنْ أَذْهَبَ ラン アズハバ lan adhhaba

★ここでの行くは、未完了接続形です。
未完了形と未完了接続形との違いは、語尾がuからaに変わることです。
私は行く：アズハブ adhabu → アズハバ adhhaba に変わる！

★ここで整理すると、
1、よく使う「私は〜した」の作り方を以下に示した。
｛規則動詞の完了形の作り方｝
「私は〜した」；　　第1語根＋第2語根＋第3語根
　　　　　　　　　□**a** ＋ □**a** ＋ □母音無し＋**tu**
例)、
「私は書いた」原形：kataba →語根：ktb→ka＋ta＋b＋tu
(katabtu カタブトゥ) カタバ　　カタブトゥ

　これをアラビア文字で書くと、以下のようになる。

كَتَبْتُ　　ك ت ب　　كَتَبَ

2、｛規則動詞の未完了形の作り方｝
「私は〜する」；　　　　第1語根　＋　第2語根　＋第3語根
　　　　　　　　　a＋ □母音無し　＋　□**(a,i,u)**　＋ □**u**

接頭辞 أَ a ア（私は；接頭辞）を付けて、第1語根は、スクーン

(子音)で、第2語根は、a, i u のいずれかの短母音がくる。
いずれかは、動詞によって異なる。

＊辞書には、كَتَبَ (u) 書く、

と書かれていて、未完了形の母音を示している。

例)、
「私は書く」原形：kataba→語根：ktb → a + k + tu + bu

aktubu アクトゥブ　　　カタバ　　　　　　　アクトゥブ

　これをアラビア文字で書くと、

أَكْتُبُ　　ك ت ب　　كَتَبَ

<語順>
◎アラビア語の文は、V（述語）＋S（主語）＋O（目的語）の形。動詞で始まる文なので、動詞文といわれる。
◎S＋V＋Oの形の文は、名詞や代名詞で始まる文なので、名詞文という。

（重要な原則）
1、動詞文では、S（主語）が男性単数・双数・複数でも、常にV（述語）は、3人称男性・単数の形になる。

2、同様に、動詞文でS（主語）が女性単数・双数・複数でも、常にV（述語）は、3人称女性・単数の形になる。

3、名詞文では、V（述語）はS（主語）の性・数に必ず一致させる。

4、S（主語）が人間以外の複数の場合は、V（述語）はすべて女性単数の形。

◎上記の原則をまとめると、

動詞文＝Ｖ（3人称男・単）＋Ｓ（男単・双・複数）＋Ｏ（目的語）

動詞文＝Ｖ（3人称女・単）＋Ｓ（女単・双・複数）＋Ｏ（目的語）

名詞文＝Ｓ（男複数なら）＋Ｖ（男複数）＋Ｏ（目的語）

名詞文＝Ｓ（女単数なら）＋Ｖ（女単数）＋Ｏ（目的語）

◎Ｓ（主語）が人間以外の複数の場合、Ｖ（述語）は、
すべて女性単数の形になる例として、

例：جُهُودِي　　أَثْمَرَتْ　　　　私の努力が実を結んだ。

（ジュフーディー）（アスマラトゥ）

أَثْمَرَتْ　　アスマラトゥ：実を結んだ：3人称女性単数形

جُهُودِي　　ジュフーディー：私の努力：努力の複数形

جُهْدٌ　　ジュフドゥ：努力（男性形名詞：単数）

جُهُودٌ　　ジュフードゥ：努力（男性形名詞：複数）

ハーン・ハリーリ　　　　シタデル

ギザのピラミッド　　　　サモサ

アブラ乗り場の案内　　　スルタン・ハサン　モスク

★不規則動詞の変化表

不規則動詞は、以下の通り。
 1、ダブル動詞
 2、くぼみ動詞
 3、弱動詞
 4、動詞の派生形

1、ダブル動詞　第2、第3語根が同一の動詞でダブル形の動詞

مَرَّ　マッラ　通り過ぎる

● 完了形
単数

3人称男性 مَرَّ	マッラ
女性 مَرَّتْ	マッラトゥ
2人称男性 مَرَرْتَ	マラルタ
女性 مَرَرْتِ	マラルティ
1人称 مَرَرْتُ	マラルトゥ

複数

3人称男性 مَرُّوا	マッルー
2人称男性 مَرَرْتُمْ	マラルトゥム
1人称 مَرَرْنَا	マラルナー

● 未完了形
単数

3人称男性	يَمُرُّ	ヤムッル
女性	تَمُرُّ	タムッル
2人称男性	تَمُرُّ	タムッル
女性	تَمُرِّين	タムッリーナ
1人称	أَمُرُّ	アムッル

複数

3人称男性	يَمُرُّون	ヤムッルーナ
2人称男性	تَمُرُّون	タムッルーナ
1人称	نَمُرُّ	ナムッル

コラム：旧市街の広場は、道がサークル（円形）になっていて、そこを中心に道は放射状に伸びている。ちょうどパリの町並みのようである。建物も天井が高く、彫刻の入ったベランダがあって、歴史を感じさせる。エレベーターはフランス映画に出てくるアパートのリフトだった。階段の中央部に箱型リフトがあって、日本にはない面白さを味わった。

2、くぼみ動詞

第2語根がアリフaの長母音になっているもの。
くぼみ動詞の未完了形には、3つの型がある。
第2語根が、ウー(uu)、アー(aa)、イー(ii)を取るものである。

①未完了形の第2語根がウー(uu)をとるもの

زَارَ　ザーラ　訪問する

● 完了形
単数

3人称男性	زَارَ	ザーラ
女性	زَارَتْ	ザーラトゥ
2人称男性	زُرْتَ	ズルタ
女性	زُرْتِ	ズルティ
1人称	زُرْتُ	ズルトゥ

複数

3人称男性	زَارُوا	ザールー
2人称男性	زُرْتُمْ	ズルトゥム
1人称	زُرْنَا	ズルナー

● 未完了形
単数

3人称男性	يَزُورُ	ヤズール
女性	تَزُورُ	タズール
2人称男性	تَزُورُ	タズール
女性	تَزُورِينَ	タズーリーナ
1人称	أَزُورُ	アズール

複数

3人称男性	يَزُورُونَ	ヤズールーナ
2人称男性	تَزُورُونَ	タズールーナ
1人称	نَزُورُ	ナズール

スルタン・ハサン　モスク　　　ホテルのリフト

②未完了形の第2語根がアー(aa)をとるもの

نَالَ　　ナーラ　　得る

● 完了形
単数

3人称男性 نَالَ	ナーラ
女性 نَالَتْ	ナーラトゥ
2人称男性 نِلْتَ	ニルタ
女性 نِلْتِ	ニルティ
1人称 نِلْتُ	ニルトゥ

複数

3人称男性 نَالُوا	ナールー
2人称男性 نِلْتُمْ	ニルトゥム
1人称 نِلْنَا	ニルナー

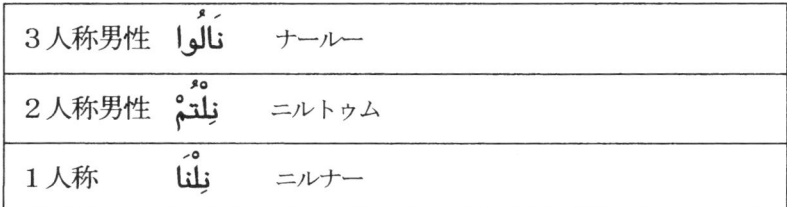

コラム：ハーン・ハリーリの近辺の路上では、露天でTシャツを売っているが、気をつけたい。すべて襟のタグが斜めに切られているものがあったり、日に焼けて変色もしている。だから、路上の商人とは初めから、かかわらないほうがいい。

● 未完了形
単数

3人称男性	يَنَالُ	ヤナール
女性	تَنَالُ	タナール
2人称男性	تَنَالُ	タナール
女性	تَنَالِين	タナーリーナ
1人称	أَنَالُ	アナール

複数

3人称男性	يَنَالُونَ	ヤナールーナ
2人称男性	تَنَالُونَ	タナールーナ
1人称	نَنَالُ	ナナール

メトロの入り口のマーク　　メトロ(カイロ大学駅)

③未完了形の第2語根がイー(ii)をとるもの

بَاعَ　バーア　売る

● 完了形
単数

3人称男性	بَاعَ	バーア
女性	بَاعَتْ	バーアトゥ
2人称男性	بِعْتَ	ビゥタ
女性	بِعْتِ	ビゥティ
1人称	بِعْتُ	ビゥトゥ

複数

3人称男性	بَاعُوا	バーウー
2人称男性	بِعْتُمْ	ビゥトゥム
1人称	بِعْنَا	ビゥナー

コラム：カイロは、車公害の街だ。車はみなどこへそんなに慌てて行くのか？と思うくらいクラクションを鳴らしながら、猛スピードで走っている。道の信号はあってないようなものだ。だから歩行者は皆自分の判断で、通りを渡っている。道を渡るのも命がけである。

● 未完了形
単数

3人称男性	يَبِيعُ	ヤビーウ
女性	تَبِيعُ	タビーウ
2人称男性	تَبِيعُ	タビーウ
女性	تَبِيعِينَ	タビーイーナ
1人称	أَبِيعُ	アビーウ

複数

3人称男性	يَبِيعُونَ	ヤビーウーナ
2人称男性	تَبِيعُونَ	タビーウーナ
1人称	نَبِيعُ	ナビーウ

市場の看板（ドバイ）　　　　通学路の看板（ドバイ）

3、弱動詞

第3語根が、وワーウ、يヤー、ىアリフ・マスクーラの動詞が以下のように変化する。

①第3語根が、وワーウの動詞

دَعَا　　ダアー　招待する

● 完了形
単数

3人称男性	دَعَا	ダアー
女性	دَعَتْ	ダアトゥ
2人称男性	دَعَوْتَ	ダアゥタ
女性	دَعَوْتِ	ダアゥティ
1人称	دَعَوْتُ	ダアゥトゥ

複数

3人称男性	دَعَوْا	ダアゥ
2人称男性	دَعَوْتُمْ	ダアゥトゥム
1人称	دَعَوْنَا	ダアゥナー

● 未完了形
単数

3人称男性	يَدْعُو	ヤドゥウー
女性	تَدْعُو	タドゥウー
2人称男性	تَدْعُو	タドゥウー
女性	تَدْعِين	タドゥイーナ
1人称	أَدْعُو	アドゥウー

複数　＊3人称、2人称複数男女は、それぞれ同形です。

3人称男女	يَدْعُونَ	ヤドゥウーナ
2人称男女	تَدْعُونَ	タドゥウーナ
1人称	نَدْعُو	ナドゥウー

タハリール・バスターミナル　　　オールドカイロの土産物屋

②第3語根が、ي ヤーの動詞

نَسِيَ　　ナスィヤ　忘れた

● 完了形
単数

3人称男性	نَسِيَ	ナスィヤ
女性	نَسِيَتْ	ナスィヤトゥ
2人称男性	نَسِيتَ	ナスィータ
女性	نَسِيتِ	ナスィーティ
1人称	نَسِيتُ	ナスィートゥ

複数

3人称男性	نَسُوْا	ナスゥ
2人称男性	نَسِيتُمْ	ナスィートゥム
1人称	نَسِينَا	ナスィーナー

コラム：アラビア語で、「ありがとう」は、「シュクラン」というが、「シュクラン」といえば、「アフワン」（どういたしまして）という言葉が、必ずすぐに返ってくる。これはすごく気持ちがいい。

● 未完了形
単数

3人称男性	يَنْسَى	ヤンサー
女性	تَنْسَى	タンサー
2人称男性	تَنْسَى	タンサー
女性	تَنْسَيْنَ	タンサィナ
1人称	أَنْسَى	アンサー

複数

3人称男性	يَنْسَوْنَ	ヤンサゥナ
2人称男性	تَنْسَوْنَ	タンサゥナ
1人称	نَنْسَى	ナンサー

道路標識

コプト文字、アラビア文字

③第3語根が、ىアリフ・マスクーラの動詞

مَشَى　　マシャー　　歩く

● 完了形
単数

3人称男性	مَشَى	マシャー
女性	مَشَتْ	マシャトゥ
2人称男性	مَشَيْتَ	マシャィタ
女性	مَشَيْتِ	マシャィティ
1人称	مَشَيْتُ	マシャィトゥ

複数

3人称男性	مَشَوْا	マシャウ
2人称男性	مَشَيْتُمْ	マシャィトゥム
1人称	مَشَيْنَا	マシャィナー

コラム：八百屋でスイカとオレンジを買った。スイカは大きく重かったが、ホテルに持って帰って中を切って見たら熟しすぎて、スイカの種がモヤシのように伸びていた。当然、美味くなかった。オレンジの方は、水分たっぷりで美味しかった。

● 未完了形
単数

3人称男性	يَمْشِي	ヤムシー
女性	تَمْشِي	タムシー
2人称男性	تَمْشِي	タムシー
女性	تَمْشِينَ	タムシーナ
1人称	أَمْشِي	アムシー

複数

3人称男性	يَمْشُونَ	ヤムシューナ
2人称男性	تَمْشُنَ	タムシューナ
1人称	نَمْشِي	ナムシー

スイカ、オレンジ　　　　トマト、たまねぎ、プラム

4、動詞の派生形　第2形

原形の第2語根をダブらせた形

نَظَّفَ　　ナッザファ　　　掃除する

● 完了形
単数

3人称男性	نَظَّفَ	ナッザファ
女性	نَظَّفَتْ	ナッザファトゥ
2人称男性	نَظَّفْتَ	ナッザフタ
女性	نَظَّفْتِ	ナッザフティ
1人称	نَظَّفْتُ	ナッザフトゥ

複数

3人称男性	نَظَّفُوا	ナッザフー
2人称男性	نَظَّفْتُمْ	ナッザフトゥム
1人称	نَظَّفْنَا	ナッザフナー

コラム：カイロ市内のタハリール広場から延びるタラアト・ハルブ通り沿いには、安ホテルが多数あるせいかインターネットカフェも数軒ある。1時間4～5LE(80～100円)。30分で2～3LE(40～60円)。パソコンの古さや動作の遅さを気にしなければ、重宝する。

● 未完了形
単数

3人称男性	يُنَظِّفُ	ユナッズィフ
女性	تُنَظِّفُ	トゥナッズィフ
2人称男性	تُنَظِّفُ	トゥナッズィフ
女性	تُنَظِّفِينَ	トゥナッズィフィーナ
1人称	أُنَظِّفُ	ウナッズィフ

複数

3人称男性	يُنَظِّفُونَ	ユナッズィフーナ
2人称男性	تُنَظِّفُونَ	トゥナッズィフーナ
1人称	نُنَظِّفُ	ヌナッズィフ

聖ジョージ修道院の入口(オールド・カイロ)

動詞の派生形　第3形

原形の第1語根に aa アーをつけた形

قَابَلَ　　カーバラ　　会う

● 完了形
単数

3人称男性	قَابَلَ	カーバラ
女性	قَابَلَتْ	カーバラトゥ
2人称男性	قَابَلْتَ	カーバルタ
女性	قَابَلْتِ	カーバルティ
1人称	قَابَلْتُ	カーバルトゥ

複数

3人称男性	قَابَلُوا	カーバルー
2人称男性	قَابَلْتُمْ	カーバルトゥム
1人称	قَابَلْنَا	カーバルナー

コラム：カイロの木曜日は、他のイスラム圏と同じように週末だ。だから、夜中の深夜まで街中は人々で賑わっていた。映画は朝の6時までやっているそうだ。ただでさえこっちは6時間の時差で眠れないのに、朝方まで騒がしくて、眠れない週末だった。

● 未完了形
単数

3人称男性	يُقَابِلُ	ユカービル
女性	تُقَابِلُ	トゥカービル
2人称男性	تُقَابِلُ	トゥカービル
女性	تُقَابِلِينَ	トゥカービリーナ
1人称	أُقَابِلُ	ウカービル

複数

3人称男性	يُقَابِلُونَ	ユカービルーナ
2人称男性	تُقَابِلُونَ	トゥカービルーナ
1人称	نُقَابِلُ	ヌカービル

ハンバーガー屋　　　　カイロ市内

動詞の派生形　第４形

原形の前にａアをつけ、第１語根が子音になる形

أَخْبَرَ　　アフバラ　知らせる

● 完了形
単数

３人称男性	أَخْبَرَ	アフバラ
女性	أَخْبَرَتْ	アフバラトゥ
２人称男性	أَخْبَرْتَ	アフバルタ
女性	أَخْبَرْتِ	アフバルティ
１人称	أَخْبَرْتُ	アフバルトゥ

複数

３人称男性	أَخْبَرُوا	アフバルー
２人称男性	أَخْبَرْتُمْ	アフバルトゥム
１人称	أَخْبَرْنَا	アフバルナー

コラム：ドバイの土産物店の電器製品を見ていて、多数の偽、類似ブランド商品があった。例えば、NAIWA（ナイワ）,Panasoanic（パナソアニック）,Sunny（サニー）,Panashiba,（パナシバ）などである。皆日本のメーカーの名前を考えて少し変えているところが面白い。

● 未完了形
単数

3人称男性	يُخْبِرُ	ユフビル
女性	تُخْبِرُ	トゥフビル
2人称男性	تُخْبِرُ	トゥフビル
女性	تُخْبِرِين	トゥフビリーナ
1人称	أُخْبِرُ	ウフビル

複数

3人称男性	يُخْبِرُون	ユフビルーナ
2人称男性	تُخْبِرُون	トゥフビルーナ
1人称	نُخْبِرُ	ヌフビル

シーシャ(水タバコ)　　　　　シャウルマ

動詞の派生形　第5形

第2形の始めに ta タをつけた形

تَعَلَّمَ　　タアッラマ　　学ぶ

● 完了形
単数

3人称男性	تَعَلَّمَ	タアッラマ
女性	تَعَلَّمَتْ	タアッラマトゥ
2人称男性	تَعَلَّمْتَ	タアッラムタ
女性	تَعَلَّمْتِ	タアッラムティ
1人称	تَعَلَّمْتُ	タアッラムトゥ

複数

3人称男性	تَعَلَّمُوا	タアッラムー
2人称男性	تَعَلَّمْتُمْ	タアッラムトゥム
1人称	تَعَلَّمْنَا	タアッラムナー

> **コラム**：海外で充電するには、海外変換プラグと海外でも使える充電器を利用すればOKだ。海外変換プラグは、300円くらいで日本で買えるから安い。海外で電池切れの心配なくデジカメ用の充電池にこれらが大いに活躍した。

● 未完了形
単数

3人称男性	يَتَعَلَّمُ	ヤタアッラム
女性	تَتَعَلَّمُ	タタアッラム
2人称男性	تَتَعَلَّمُ	タタアッラム
女性	تَتَعَلَّمِينَ	タタアッラミーナ
1人称	أَتَعَلَّمُ	アタアッラム

複数

3人称男性	يَتَعَلَّمُونَ	ヤタアッラムーナ
2人称男性	تَتَعَلَّمُونَ	タタアッラムーナ
1人称	نَتَعَلَّمُ	ナタアッラム

オールドカイロ

映画の看板

動詞の派生形　第6形

第3形の始めに ta タをつけた形

تَعَاوَنَ　　タアーワナ　　協力する

● 完了形
単数

3人称男性	تَعَاوَنَ	タアーワナ
女性	تَعَاوَنَتْ	タアーワナトゥ
2人称男性	تَعَاوَنْتَ	タアーワンタ
女性	تَعَاوَنْتِ	タアーワンティ
1人称	تَعَاوَنْتُ	タアーワントゥ

複数

3人称男性	تَعَاوَنُوا	タアーワヌー
2人称男性	تَعَاوَنْتُمْ	タアーワントゥム
1人称	تَعَاوَنَّا	タアーワンナー

> **コラム**：イスラム諸国のトイレは、いつも感心する。どこのトイレでも必ず水のホースが横に付いている。それでお尻に水を掛けて洗うのだが、このほうが清潔だ。紙のみの諸外国のトイレも、この点は大いに見習うべきものだと思う。

● 未完了形
単数

3人称男性	يَتَعَاوَنُ	ヤタアーワヌ
女性	تَتَعَاوَنُ	タタアーワヌ
2人称男性	تَتَعَاوَنُ	タタアーワヌ
女性	تَتَعَاوَنِين	タタアーワニーナ
1人称	أَتَعَاوَنُ	アタアーワヌ

複数

3人称男性	يَتَعَاوَنُونَ	ヤタアーワヌーナ
2人称男性	تَتَعَاوَنُونَ	タタアーワヌーナ
1人称	نَتَعَاوَنُ	ナタアーワヌ

カイロのトラム　　　　　シタデル

動詞の派生形　第7形

基本形に in インをつけた形

اِنْدَهَشَ　　インダハシャ　　驚く

● 完了形
単数

3人称男性	اِنْدَهَشَ	インダハシャ
女性	اِنْدَهَشَتْ	インダハシャトゥ
2人称男性	اِنْدَهَشْتَ	インダハシュタ
女性	اِنْدَهَشْتِ	インダハシュティ
1人称	اِنْدَهَشْتُ	インダハシュトゥ

複数

3人称男性	اِنْدَهَشُوا	インダハシュー
2人称男性	اِنْدَهَشْتُمْ	インダハシュトゥム
1人称	اِنْدَهَشْنَا	インダハシュナー

コラム：国際線の飛行機に乗ったらトランプをゲットしよう。
　意外に知られていないが、各航空会社はトランプを準備している。また各社のトランプを集めるのも悪くない。英語でトランプは、playing cards(プレイング・カーズ)。

● 未完了形
単数

3人称男性	يَنْدَهِشُ	ヤンダヒシュ
女性	تَنْدَهِشُ	タンダヒシュ
2人称男性	تَنْدَهِشُ	タンダヒシュ
女性	تَنْدَهِشِينَ	タンダヒシーナ
1人称	أَنْدَهِشُ	アンダヒシュ

複数

3人称男性	يَنْدَهِشُونَ	ヤンダヒシューナ
2人称男性	تَنْدَهِشُونَ	タンダヒシューナ
1人称	نَنْدَهِشُ	ナンダヒシュ

本屋

文房具屋

動詞の派生形　第8形

基本形の始めに i イ、第1語根の次ぎに ta タをつけた形

اِنْتَظَرَ　　インタザラ　　待つ

● 完了形
単数

3人称男性	اِنْتَظَرَ	インタザラ
女性	اِنْتَظَرَتْ	インタザラトゥ
2人称男性	اِنْتَظَرْتَ	インタザルタ
女性	اِنْتَظَرْتِ	インタザルティ
1人称	اِنْتَظَرْتُ	インタザルトゥ

複数

3人称男性	اِنْتَظَرُوا	インタザルー
2人称男性	اِنْتَظَرْتُمْ	インタザルトゥム
1人称	اِنْتَظَرْنَا	インタザルナー

コラム：アラブ首長国連邦のエミレーツ航空は、日本ではあまり馴染みがないが、ドバイを基点に、アフリカのナイロビや中近東の周辺国へ行くにはアクセスがいい。私は関空からドバイ経由でカイロへ行く方法を取った。お国同様、スタッフも多国籍であった。

● 未完了形
単数

3人称男性	يَنْتَظِرُ	ヤンタズィル
女性	تَنْتَظِرُ	タンタズィル
2人称男性	تَنْتَظِرُ	タンタズィル
女性	تَنْتَظِرِينَ	タンタズィリーナ
1人称	أَنْتَظِرُ	アンタズィル

複数

3人称男性	يَنْتَظِرُونَ	ヤンタズィルーナ
2人称男性	تَنْتَظِرُونَ	タンタズィルーナ
1人称	نَنْتَظِرُ	ナンタズィル

エミレーツ航空　　　　　ブルジュ・アル・アラブ(ドバイ)

＜付録＞

日本語から引ける
アラビア語ミニ辞典

名詞　(ア〜イ)

朝ご飯	فطور	フトゥール
雨	أمطار	アムタール
アラビア語	لغة عربية	ルガ アラビーヤ
アラブ人	عربي	アラビーユ
アルコール	الكحول	アルクフール
医者	طبيب	タビーブ
椅子	كرسي	クルスィー
イスラーム	الإسلام	アル・イスラーム
イスラム教徒	مسلم	ムスリム
イスラム暦	تأريخ هجري	タァリーフ ヒジリー
イスラム寺院	جامع ジャーミア(大きなモスク) / مسجد マスジド(小さなモスク)	
遺跡	آثار	アーサール
市場	سوق	スーク
犬	كلب	キャルブ

名詞 (イ〜エ)

入口	مدخل	マドハル
衣料品	ملابس	マラービス
飲料水	مياه معدنية	ミヤーホ マァダニーヤ
歌	أغنية	ウグニヤ
馬	حصان	ハサーヌ
海	بحر	バハル
ウール	صوف	スーフ
運賃	أجرة	ウジラ
エアコン	مكيف	ムカイイフ
映画	فيلم	フィールム
映画館	السينما	アッスィーニマー
英語	لغة إنجليزية	ルガ インジリーズィーヤ
駅	محطة	マハタ
絵葉書	بطاقة بريدية	ビターカ バリーディーヤ

名詞　(エ～カ)

エビ	جمبري	ジャンバリー
エレベーター	مصعد	ミスアド
オアシス	واحة	ワーハ
贈り物	هدية	ハディーヤ
おつり	الباقي	アルバーキー
男	رجل	ラジュル
女	نساء	ニサーア
音楽	موسيقى	ムースィーカー
蚊	بعوضة	バァウーダ
外国人(男)	أجنبي	アジナビーユ
外国人(女)	أجنبية	アジナビーヤ
会社員	موظف الشركة	ムワッザフ シャリカ
階段	درج	ダラジュ
ガイド	دليل	ダリール
買い物	تسوق	タサゥウク
鍵	مفتاح	ミフターハ

名詞　(カ〜キ)

学生(男)	طالب ターリブ　/　学生(女)　طالبة ターリバ	
学校	مدرسة マドラッサ	
金(かね)	مال マール	
紙	ورق ワラク	
かみそり	موسى ムーサー	
ガラス	زجاج ズジャージ	
川	نهر ナハル	
皮	جلد ジルド	
観光	سياحة スィヤーハ	
看護婦	ممرضة ムマッリダ	
木	شجر シャジャル	
危険	خطر ハタル	
規則	نظام ニザーム	
貴重品	أشياء ثمينة アシヤーァ ッサミーナ	

名詞 (キ〜ク)

切手	طوابع	タワービア
切符	تذكرة	タズカラ
切符売り場	مكتب التذاكر	マクタブ ッタザーキル
絹	حرير	ハリール
宮殿	قصر	カスル
牛肉	لحم بقري	ラハム バカリー
牛乳	حليب	ハリーブ
教会	كنيسة	カニーサ
教師	مدرس	ムダッリス
銀行	بنك	バンク
空港	مطار	マタール
空港税	رسم المطار	ラムス ル・マタール
空席	مقعد خالي	ミクアド ハーリー
薬	دواء	ダワーア

名詞　(ク～コ)

薬屋	صيدلية	サイダリーヤ
果物	فواكه	ファワーキハ
靴	حذاء	ヒザーァ
クリーニング	مغسل	マグサル
警察	شرطة	シュルタ
警察官	شرطي	シュルティー
ケガ	جرح	ジャラハ
劇場	مسرح	マスラハ
化粧品	مواد التجميل	マワーッドゥ ッタジミール
現金	نقد	ナクド
コイン	نقود معدنية	ヌクード マァダニーヤ
公園	حديقة عامة	ハディーカ アーンマ
航空券	تذكرة الطائرة	タズカラトゥ ッターイラ
公衆電話	هاتف عام	ハーティフ アーンム

名詞　(コ〜サ)

公衆トイレ	مراحيض عامة	マラーヒード アーンマ
香水	عطر	イトル
紅茶	شاي	シャーイ
氷	ثلج	サルジ
国際電話	مكالمة دولية	ムカーラマ ドゥワリーヤ
小銭	عملة معدنية	オムラ マァダニーヤ
コック	طاهي	ターヒー
小包	طرد	タルド
コップ	كأس	カァス
コーヒー	قهوة	カホワ
コメ	أرز	ウルッズ
コーラン	القرآن الكريم	アル・クルアーン ル・カリーム
サービス料	رسم الخدمة	ラムス ル・ヒドマ
祭日	عطلة رسمية	オトラ ラスミーヤ

名詞　(サ〜シ)

財布	محفظة	ミヒファザ
材料	مادة	マーッダ
魚	سمك	サマク
サソリ	عقرب	アクラブ
雑誌	مجلة	マジャッラ
砂漠	صحراء	サハラーア
皿	طبق	タバク
試合	مباراة	ムバーラー
塩	ملح	ミルハ
歯科医	طبيب أسنان	タビーブ アスナーヌ
市街地図	خريطة المدينة	ハリータトゥ ル・マディーナ
市外通話	مكالمة خارجية	ムカーラマ ハーリジーヤ
時刻表	جدول	ジャドワル
仕事	عمل	アマル

名詞 (シ)

辞書	قاموس	カームース
下着	ملابس داخلية	マラービス ダーヒリーヤ
自転車	دراجة	ダッラージャ
市内通話	مكالمة محلية	ムカーラマ マハッリーヤ
島	جزيرة	ジャズィーラ
事務所	مكتب	マクタブ
写真	صورة	スーラ
シャツ	قميص	カミース
シャワー	دوش	ドゥーシ
絨毯	سجاد	スィッジャード
修理	تصليح	タスリーハ
出発	مغادرة	ムガーダラ
出発時刻	موعد المغادرة	マウアイドゥ ル・ムガーダラ
趣味	هواية	ヒワーヤ

名詞 (シ〜セ)

少女	بنت	ビント
少年	ولد	ワラド
職業	المهنة	アルミヘナ
食事	وجبة	ワジバ
食料品	مواد غذائية	マワーッド ギザーイーヤ
署名	توقيع	タウキーア
城	قصر	カスル
神殿	معبد	マァバド
新聞	جريدة	ジャリーダ
スーパーマーケット	سوبر ماركت	スーバル マールケト
すり	نشال	ナッシャール
税金	ضريبة	ダリーバ
石鹸	صابون	サーブーヌ
洗濯	غسيل	ガスィール

名詞　(ソ〜テ)

掃除	تنظيف	タンズィーフ
速達	بريد عاجل	バリード アージル
損害	خسارة	ハサーラ
大学	جامعة	ジャーミア
大使館	سفارة	スィファーラ
建物	عمارة	アイマーラ
タバコ	سيجارة	スィジャーラ
地下鉄	مترو	ミトロー
チップ	بقشيش	バクシーシ
朝食	فطور	フトゥール
つり銭	الباقي	アル・バーキー
停留所	موقف	マゥキフ
手紙	خطاب	ヒターブ
出口	مخرج	マハラジ

名詞　(テ〜ナ)

手数料	عمولة	アオムーラ
鉄道	سكة حديد	スィッカ ハディード
手荷物	أمتعة	アムティア
テレビ	تلفزيون	ティリフィズィユーヌ
電話	هاتف	ハーティフ
トイレ	دورة مياه	ダウラト ミヤーハ
動物園	حديقة الحيوانات	ハディーカトゥル・ハヤワーナート
道路	طريق	タリーク
通り	شارع	シャーリア
時計	ساعة	サーア
図書館	مكتبة	マクタバ
ナイフ	سكينة	スィッキーナ
ナツメヤシ(樹木)	نخل	ナハル
ナツメヤシ(生の実)	بلح	バラハ ／ **ナツメヤシ(乾燥)** تمر タムル

名詞　(ナ〜ヒ)

名前	اسم	イスム
入場料	رسم الدخول	ラスム ッドゥフール
ハガキ	بطاقة بريدية	ビターカ バリーディーヤ
博物館	متحف	マトハフ
バス	حافلة	ハーフィラ
バス停	موقف الأتوبيس	マウキフ ル・オートビース
鳩	حمام	ハマーム
花	زهرة	ザハラ
パン	خبز	ホブズ
火	نار	ナール
飛行機	طائرة	ターイラ
美術館	صالة فنون جميلة	サーラト フヌーヌ ジャミーラ
非常口	مخرج الطوارئ	マハラジュ ッタワーリア
1人部屋	غرفة لشخص	グルファ リッシャフス

名詞 (ヒ～ホ)

費用	مصاريف	マサーリーフ
美容院	صالون التجميل	サールーヌ ッタジミール
病院	مستشفى	ムスタシファ
ピラミッド	أهرام	アハラーム
ビール	بيرة	ビーラ
瓶	زجاجة	ズジャージャ
封筒	ظرف	ザルフ
服	ملابس	マラービス
2人部屋	غرفة لإثنين	グルファ リスナイニ
ぶどう	عنب	アイナブ
船	سفينة	サフィーナ
風呂	حمام	ハンマーム
ベッド	سرير	サリール
帽子	قبعة	クッバア

名詞　(ホ〜ミ)

宝石	جواهر	ジャワーヒル
ホテル	فندق	フンドゥク
本	كتاب	キターブ
本屋	مكتبة	マクタバ
町	بلد	バラド
間違い	خطأ	ハタァ
祭り	مهرجان	ミヘラジャーヌ
窓	نافذة	ナーフィザ
マトン	لحم ضأن	ラハム ダアヌ
豆	فول	フール
ミイラ	مومياء	ムゥミヤーァ
水	ماء	マーァ
水ギセル	نرجيلة	ナルジーラ
店	دكان	ドゥッカーヌ

名詞 (ミ～ユ)

港	ميناء	ミーナーア
みやげ	هدية تذكارية	ハディーヤ ティズカーリーヤ
メガネ	نظارة	ナッザーラ
メニュー	قائمة الطعام	カーイマトゥ ッタアーム
綿	قطن	クトゥヌ
麺	شعرية	シャアリーヤ
毛布	بطانية	バッターニーヤ
モスク	مسجد / جامع	マスジド／ジャーミァ
野菜	خضار	ホダール
山	جبل	ジャバル
湯	ماء ساخن	マーア サーヒヌ
夕食	عشاء	アシャーア
友人	صديق	サディーク
郵便	بريد	バリード

名詞　(ユ～ワ)

郵便局	مكتب البريد	マクタブ ル・バリード
指輪	خاتم	ハーティム
ラクダ	جمل	ジャマル
理髪店	صالون حلاقة	サーローヌ ヒラーカ
料金	أجرة	ウジラ
領収書	إيصال	イーサール
礼拝	صلاة	サラート
レストラン	مطعم	マトアム
列車	قطار	キタール
ワイン	نبيذ	ナビーズ
若者	شباب	シャバーブ
ワディ(谷川)	وادي	ワーディー
ワニ	تمساح	ティムサーハ
湾	خليج	ハリージ

形容詞　(ア〜ナ)

青い	أزرق アズラク	赤い	أحمر アハマル
新しい	جديد ジャディード	熱い	ساحن サーヒヌ
暑い	حار ハーッル	甘い	حلو ホルゥ
うすい (色)	فاتح ファーティハ	薄い	رفيع ラフィーア
うれしい	مسرور マスルール	おいしい	لذيذ ラズィーズ
大きい	كبير カビール	重い	ثقيل サキール
面白い	ممتع ムムティア	辛い	حام ハーミー
軽い	خفيف ハフィーフ	かわいい	لطيف ラティーフ
汚い	وسخ ワスィフ	きれいな	جميل ジャミール
黒い	أسود アスワド	寒い	بارد バーリド
重要な	هام ハーンム	白い	أبيض アブヤド
清潔な	نظيف ナズィーフ	高い (値段)	غالي ガーリー
楽しい	ممتع ムムティア	小さい	صغير サギール
適切な	ملائم ムラーイム	長い	طويل タウィール

形容詞　(フ～ワ) 、その他

太った	سمين サミーヌ	古い	قديم カディーム
短い	قصير カスィール	難しい	صعب サァブ
めずらしい	نادر ナーディル	易しい	سهل サハル
安い	رخيص ラヒース	柔らかい	ناعم ナーアイム
有名な	مشهور マシフール	ゆっくり	ببطء バブトゥア
良い	طيب タィブ	弱い	ضعيف ダァイーフ
悪い	سيء サィイァ		

＜その他＞

あそこ	هناك フナーカ	あれ	ذلك ザーリカ
ここ	هنا フナー		
いま	الآن アルアーヌ	すぐに	فورا ファウラヌ
あとで	بعد ذلك バァダ ザーリカ		
少し	قليلا カリーラヌ		
無料で	مجانا マッジャーナヌ		

動詞変化表　　　(ア～ウ)

	原形 (彼は～した)	完了形 (私は～した)	未完了形 (私は～する)
愛する/好き	أحب アハッバ	أحببت アハバブトゥ	أحب ウヒッブ
会う	قابل カーバラ	قابلت カーバルトゥ	أقابل ウカービル
与える	أعطى アァター	أعطيت アァタイトゥ	أعطي ウウティー
洗う	غسل ガサラ	غسلت ガサルトゥ	أغسل アグスィル
歩く	مشى マシャー	مشيت マシャイトゥ	أمشي アムシー
言う	قال カーラ	قلت クルトゥ	أقول アクール
行く	ذهب ザハバ	ذهبت ザハブトゥ	أذهب アズハブ
いる/ある	كان カーナ	كنت クントゥ	أكون アクーヌ
受取る	استلم イスタラマ	استلمت イスタラムトゥ	أستلم アスタリム
失う	فقد ファカダ	فقدت ファカットゥ	أفقد アフキドゥ
歌う	غنى ガンナー	غنيت ガンナイトゥ	أغني ウガンニー
売る	باع バーア	بعت ビアトゥ	أبيع アビーウ
運転する	ساق サーカ	سقت スクトゥ	أسوق アスーク

225

動詞変化表　　　（エ〜カ）

	原形 （彼は〜した）	完了形 （私は〜した）	未完了形 （私は〜する）
延長する	مدد マッダダ	مددت マッダットゥ	أمدد ウマッディドゥ
置く	وضع ワダア	وضعت ワダアトゥ	أضع アダウ
送る	أرسل アルサラ	أرسلت アルサルトゥ	أرسل ウルスィル
贈る	أهدى アフダー	أهديت アフダイトゥ	أهدي ウフディー
教える	درس ダラッサ	درست ダラストゥ	أدرس ウダッリス
訪れる	زار ザーラ	زرت ズルトゥ	أزور アズール
踊る	رقص ラカサ	رقصت ラカストゥ	أرقص アルクス
驚く	اندهش インダハシャ	اندهشت インダハシュトゥ	أندهش アンダヒシュ
覚えている	ذكر ザカラ	ذكرت ザカルトゥ	أذكر アズクル
思う	ظن ザンナ	ظننت ザナントゥ	أظن アズゥンヌ
降りる	نزل ナザラ	نزلت ナザルトゥ	أنزل アンズィル
買う	اشترى イシュタラー	اشتريت イシュタライトゥ	أشتري アシュタリー
帰る/戻る	رجع ラジャア	رجعت ラジャウトゥ	أرجع アルジィウ

動詞変化表　　　(カ～ケ)

	原形 (彼は～した)	完了形 (私は～した)	未完了形 (私は～する)
帰る/戻る	عاد アーダ	عدت ウドゥトゥ	أعود アウードゥ
書く	كتب カタバ	كتبت カタブトゥ	أكتب アクトゥブ
貸す	أعار アアーラ	أعارت アアールトゥ	أعير ウイール
借りる	استعار イスタアーラ	استعرت イスタアルトゥ	أستعير アスタイール
考える	فكر ファッカラ	فكرت ファッカルトゥ	أفكر ウファッキル
感じる	شعر シャアラ	شعرت シャアルトゥ	أشعر アシュウル
聞く	سمع サミア	سمعت サミアトゥ	أسمع アスマウ
希望する	تمنى タマンナー	تمنيت タマンナートゥ	أتمنى アタマンナー
協力する	تعاون タアーワナ	تعاونت タアーワントゥ	أتعاون アタアーワヌ
着る	لبس ラビサ	لبست ラバストゥ	ألبس アルビス
来る	قدم カディマ	قدمت カダムトゥ	أقدم アクドゥム
来る	أتى アター	أتيت アタイトゥ	آتي アーティー
結婚する	تزوج タザッワジャ	تزوجت タザッワジュトゥ	أتزوج アタザッワジュ

動詞変化表　　(ケ〜ス)

	原形 (彼は〜した)	完了形 (私は〜した)	未完了形 (私は〜する)
見物する	شاهد シャーハダ	شاهدت シャーハドゥトゥ	أشاهد ウシャーヒドゥ
試みる	جرب ジャッラバ	جربت ジャッラブトゥ	أجرب ウジャリブ
断る	رفض ラファダ	رفضت ラファドゥトゥ	أرفض アルフドゥ
探す	بحث バハサ	بحثت バハストゥ	أبحث アブハス
質問する	سال サアラ	سألت サアルトゥ	أسأل アスアル
支払う	دفع ダファア	دفعت ダファアトゥ	أدفع アドゥファウ
出発する	غادر ガーダラ	غادرت ガーダルトゥ	أغادر ウガーディル
紹介する	عرف アッラファ	عرفت アッラフトゥ	أعرف ウアッリフ
招待する	دعا ダアー	دعوت ダアウトゥ	أدعو アドゥウー
知る	عرف アラファ	عرفت アラフトゥ	أعرف アアリフ
住む	سكن サカナ	سكنت サカントゥ	أسكن アスクヌ
する	فعل ファアラ	فعلت ファアルトゥ	أفعل アフアル
座る	جلس ジャラサ	جلست ジャラストゥ	أجلس アジュリス

動詞変化表　　　(セ〜ト)

	原形	完了形	未完了形
	(彼は〜した)	(私は〜した)	(私は〜する)
洗濯する	غسل ガサラ	غسلت ガサルトゥ	أغسل アグスィル
掃除する	نظف ナッザファ	نظفت ナッザフトゥ	أنظف ウナッズィフ
滞在する	أقام アカーマ	أقمت アクムトゥ	أقيم ウキーム
助ける	ساعد サーアダ	ساعدت サーアドゥトゥ	أساعد ウサーイドゥ
食べる	أكل アカラ	أكلت アカルトゥ	آكل アークル
使う	استعمل イスタアマラ	استعملت イスタウマルトゥ	أستعمل アスタアミル
作る	صنع サナア	صنعت サナアトゥ	أصنع アスナウ
できる	استطاع イスタターア	استطاعت イスタトゥアアトゥ	أستطيع アスタティーウ
できる	قدر カダラ	قدرت カダルトゥ	أقدر アクディル
到着する	وصل ワサラ	وصلت ワサルトゥ	أصل アスィル
取り替える	بدل バッダラ	بدلت バッダルトゥ	أبدل ウバッディル
取り消す	ألغى アルガー	ألغيت アルガイトゥ	ألغي ウルギー
取る	أخذ アハザ	أخذت アハズトゥ	آخذ アーフズ

229

動詞変化表　　(ネ〜メ)

	原形	完了形	未完了形
	(彼は〜した)	(私は〜した)	(私は〜する)
眠る/寝る	نام ナーマ	نمت ニムトゥ	أنام アナーム
飲む	شرب シャリバ	شربت シャリブトゥ	أشرب アシュラブ
乗る	ركب ラキバ	ركبت ラキブトゥ	أركب アルカブ
働く	عمل アミラ	عملت アマルトゥ	أعمل アアマル
話す	تكلم タカッラマ	تكلمت タカッラムトゥ	أتكلم アタカッラム
勉強する	درس ダラサ	درست ダラストゥ	أدرس アドゥルス
変更する	بدل バッダラ	بدلت バッダルトゥ	أبدل ウバッディル
欲する	أراد アラーダ	أردت アルアドゥトゥ	أريد ウリードゥ
待つ	انتظر インタザラ	انتظرت インタザルトゥ	أنتظر アンタズィル
学ぶ	تعلم タアッラマ	تعلمت タアッラムトゥ	أتعلم アタアッラム
迷う	ضل ダッラ	ضللت ダラルトゥ	أضل アディッル
見る	رأى ラアー	رأيت ラアイトゥ	أرى アラー
目覚める	استيقظ イスタィカザ	استيقظت イスタィカズトゥ	أستيقظ アスタイキズ

動詞変化表　　　(モ〜ワ)

	原形	完了形	未完了形
	(彼は〜した)	(私は〜した)	(私は〜する)
持ってくる	جلب ジャラバ	جلبت ジャラブトゥ	أجلب アジュリブ
郵送する	أرسل アルサラ	أرسلت アルサルトゥ	أرسل ウルスィル
読む	قرأ カラア	قرأت カラウトゥ	أقرأ アクラウ
予約する	حجز ハジャザ	حجزت ハジャズトゥ	أحجز アハジュズ
理解する	فهم ファヒマ	فهمت ファヒムトゥ	أفهم アフハム
料理する	طبخ タバハ	طبخت タバフトゥ	أطبخ アトゥブフ
旅行する	سافر サーファラ	سافرت サーファルトゥ	أسافر ウサーフィル
忘れる	نسي ナスィヤ	نسيت ナスィートゥ	أنسى アンサー
渡す	ناول ナーワラ	ناولت ナーワルトゥ	أناول ウナーウィル

カイロの路地　　　　カイロの看板

[著者]

佐川年秀（さがわ・としひで）

アジア・ヨーロッパなどの言語の本の作成・翻訳などに関わっている多言語ライター。

著書：『すこし話せると10倍たのしいフィリピノ語』『絵でわかるフィリピノ語基本単語2000』『フィリピノ語のスラング表現』(以上、明日香出版社)、『旅のアジア語』『これは便利！1冊でヨーロッパ41ヶ国の人と話す本』(中経出版) など。

CD BOOK　はじめてのアラビア語

2003年 10月 31日　初版発行
2021年 10月 20日　第9刷発行

著　者	佐川年秀
発　行　者	石野栄一
発　行　所	明日香出版社
	〒112-0005　東京都文京区水道2-11-5
	電話　03-5395-7650（代表）
	https://www.asuka-g.co.jp
印　　刷	株式会社平河工業社
製　　本	根本製本株式会社

© Toshihide Sagawa 2009 Printed in Japan ISBN 978-4-7569-1335-7

落丁・乱丁本はお取り替えいたします。
本書の内容に関するお問い合わせは弊社ホームページからお願いいたします。